Cette fois-ci, je le mets K.O. !

Cette fois-ci, je le mets K.O. !

Mélanie Lebihain

© 2022 Mélanie Lebihain
Édition : BoD – Books on Demand,
12/14 rond-point des Champs-Élysées, 75008 Paris
Impression : BoD - Books on Demand, Norderstedt,
Allemagne

Illustration : Mélanie Lebihain

ISBN : 978-2-3223-8696-3
Dépôt légal : Février 2022

Remerciements

Je remercie sincèrement les deux correctrices qui ont travaillé sur mon livre : Cécile de chez « Des Ecrits en Or » et Delphine Barach.

Je tiens également à témoigner toute ma reconnaissance aux oncologues, chirurgiens, infirmières et soignants qui nous suivent dans tout ce parcours. Sans eux, rien ne serait possible.

Je pense aussi aux ambulanciers avec qui j'ai partagé de nombreux moments de joie et de complicité, ainsi qu'à la kinésithérapeute qui m'aide au quotidien, face aux contractures et douleurs diverses. Je n'oublie pas, bien sûr, mon cher et tendre mon mari qui m'a toujours soutenue malgré les moments difficiles que l'on a traversés, tout comme mes enfants, Annabelle et Nathan, qui m'ont donné beaucoup de force.

Préface

Je m'appelle Mélanie, j'ai 35 ans, mariée et maman de deux enfants. Ma fille a 9 ans et mon fils, 6. Je suis une femme, une épouse, ainsi qu'une mère heureuse et épanouie. J'aime la vie avec tout ce qu'elle nous apporte, même pendant les périodes difficiles.

Pour que vous puissiez bien situer et comprendre mon histoire, voici un petit retour en arrière.

Jusqu'à la fin de l'année 2018, ma vie, ma famille et mon travail d'assistante maternelle m'apportaient de nombreux moments de joie et de douceur. J'avais des envies, des projets, des rêves, mais comme nous tous, j'étais prise dans une routine infernale. Les enfants, le ménage, le travail, etc. Alors que les jours et les semaines défilaient, les habitudes s'installaient.

Notre vie est rythmée par des tâches qui se suivent, nous faisant constamment courir à droite ou à gauche. Vous ne pouvez pas me dire le contraire ! Nous le faisons tous. La vie est ainsi faite.

Malheureusement, en décembre de cette même année, la mienne a pris un tournant majeur lors d'un examen a priori banal. J'étais âgée de 32 ans, lorsque la gynécologue a senti deux grosseurs dans mon sein gauche. « Il n'y a aucun antécédent de cancer dans votre famille, vous êtes jeune, donc aucune raison de s'inquiéter », me dira-t-on à plusieurs reprises. Pourtant, après divers examens et une biopsie révélatrice, le parcours du combattant s'est très vite mis en route.

L'ablation du sein et tous les traitements étaient inévitables pour guérir. J'en étais consciente et je l'acceptais. Après analyse des tissus, les résultats sont tombés : 9 tumeurs se trouvaient dans mon sein. C'était un cancer de haut grade, hormono-dépendant. Incroyable ! C'était là, disséminé en moi, dans une partie intime de mon corps, sans que je m'en rende compte. Quelle chance d'avoir été à ce rendez-vous, prise en charge par une gynécologue si consciencieuse. Je ne sais pas où je serais aujourd'hui si je n'avais pas eu cette consultation, mais ce qui est sûr, c'est que ça aurait été beaucoup plus grave. Je ne la remercierai jamais assez !

Chimiothérapie, thérapie ciblée, radiothérapie et hormonothérapie se sont alors succédées à un rythme infernal.

Durant tout ce périple, j'ai pu compter sur ma famille et belle-famille, mon mari et mes enfants. Ils ont été ma force au quotidien. J'ai puisé dans mes réserves insoupçonnées pour être toujours là pour eux. J'ai pris comme bagages mon sourire, ma motivation et mon optimisme, afin que ce soit le plus facile à vivre pour tous.

En revanche, mes amies se sont montrées maladroites, voire absentes. Je n'ai eu aucun soutien, aucun réconfort de leur part. Il m'est même arrivé de recevoir des messages du genre : « Coucou, ça va ? Quoi de neuf ? ». L'envie d'y répondre : « Toujours mon cancer, plus de cheveux, sinon ça va ! » me démangeait. J'ai préféré couper les ponts.

Je me suis armée de patience, de courage et de pensées positives pour affronter ce cancer et les traitements.

J'en suis sortie beaucoup plus forte, avec une confiance en moi accrue. La vie a pris de nouvelles couleurs, la nature m'est devenue magique et chaque petit bonheur me semble maintenant précieux. D'une certaine manière, je peux dire que le cancer m'a aussi apporté de bonnes choses. Il m'a permis d'évoluer.

Mon histoire et mon parcours sont relatés dans mon premier livre intitulé *"Au cœur de mon combat"*, qui retrace un an et demi de traitements, ainsi que le positif que j'ai pu tirer de cette leçon.

L'année 2020 devait être de nouveau remplie d'émotions, positives cette fois-ci. En effet, mon corps de femme devait enfin pouvoir renaître, car l'heure de la reconstruction mammaire arrivait à grand pas. Malheureusement, une récidive du cancer a fait son apparition au même moment, remettant tout en question.

Je vais à présent vous raconter le long parcours qui se présente à nouveau devant moi.

Chapitre 1
Souvenirs déstabilisants

Deux ans après l'annonce de la maladie, je reste marquée au fer rouge. Des flash-backs refont surface de temps en temps. J'ai comme l'impression de visionner un mauvais film, avec les émotions fortes qui me serrent la gorge.

Par exemple, l'autre jour pendant ma douche, un souvenir est venu me hanter, comme ça, sans crier gare :

« Je suis là, assise dans ma baignoire, l'eau qui coule et la chaleur qui s'en dégage me détendent après une longue journée.

Lorsque mon regard se pose sur ce bout de robinetterie, face à moi, une extrême froideur me traverse. J'y vois le minuscule reflet d'un corps dénudé de couleur et de forme. Je sais que c'est moi, mais je ne me reconnais pas. J'ai l'impression de regarder quelqu'un d'autre, pâle, chauve, fatigué...

Alors que j'avais presque oublié que j'étais malade, c'est une vision effrayante et violente qui me frappe de plein fouet.

En quelques secondes, je me vois malade et surtout, je me sens malade. Les larmes se mettent à glisser le long de mes joues et un nœud se forme en plein milieu de mon estomac.

Je fais couler l'eau chaude sur mon visage et j'essaie d'apaiser mon cœur meurtri. Je pleure, mais sans vraiment savoir pourquoi.

Après avoir versé tant de larmes, je me ressaisis, respire un grand coup et sèche mes joues trempées. Je me répète :

— Il faut que je sois forte. C'est vrai, je suis malade, mais je suis toujours moi. Un nouveau moi, certes, mais je reste la même personne.

J'avais eu ce besoin indescriptible de me laisser aller, c'était plus fort que moi, plus fort que tout. Un trop-plein d'émotions que je ne parvenais pas à contrôler, ni à maîtriser.

En sortant de ma douche, je n'avais rien voulu montrer à mon mari et à mes enfants.

C'était d'ailleurs la seule fois depuis l'annonce de la maladie, car je préférais voir les choses positivement, avec le sourire toujours présent.

Ce souvenir d'un passage difficile est encore tout frais dans ma mémoire. C'était au tout début de ma chimiothérapie. Lorsque j'avais dû faire mes adieux à mes cheveux et devoir m'habituer à cette nouvelle apparence, crâne rasé. Dur moment de ma vie qui me renvoyait sans cesse à la maladie. Néanmoins, cela m'a permis également de m'accepter telle que je suis, de moins me focaliser sur ce que les autres peuvent penser de moi et d'accepter mes complexes.

Étape après étape, on se forge une carapace, on s'endurcit face au monde.

Pour moi, les modifications de mon apparence ont commencé par l'ablation du sein, puis par la perte des cheveux, cils et sourcils. Ce sont des changements très soudains, sans réelle préparation au préalable.

La repousse des cheveux, que l'on attend impatiemment les mois suivant leur perte, est une grosse étape également. On scrute d'abord le petit duvet qui pointe le bout de son nez sur ce crâne nu. Puis on observe les cheveux plus épais, plus touffus qui poussent doucement, mais sûrement. Alors qu'on finit par s'habituer à notre nouvelle apparence, il faut de nouveau apprivoiser ce visage. Que de transformations qui s'enchaînent !

Après avoir traversé de telles épreuves, nous portons moins d'importance sur les petites choses et nous relativisons énormément.

Le côté ironique dans tout ça, si je peux dire, c'est que depuis le collège, j'étais complexée par ma petite poitrine. Les garçons pour m'embêter et se moquer m'appelaient d'ailleurs 75A. Forcément, ça me faisait mal, même si ce n'était pas réellement ma taille, ça voulait tout dire. Ça me blessait et j'ai fini par en complexer.

Des années plus tard, du jour au lendemain, il a fallu m'en retirer un : « mon sein pour ma vie ».

A ma grande surprise, je l'ai très vite accepté et étrangement ma petite poitrine est devenue belle et importante à mes yeux. J'en avais perdu une moitié, mais ce n'était que partie remise avec la reconstruction mammaire prévue un an après la fin des rayons.

Chapitre 2
Souvenirs et sensations

Mes souvenirs de cette période remplie de tourmentes ne sont pas tous négatifs. Il y a aussi eu des moments de joie, de fierté, de force.

Je vais d'ailleurs vous partager celui-ci qui reste ancré dans ma mémoire, comme si c'était hier.

J'étais encore sous chimiothérapie. Mon fils passait ses journées à la maison avec moi, pendant que ma fille était à l'école, en grande section. Un soir, j'ai découvert un mot dans son cahier de liaison :

« Tous les élèves et enseignants de l'école vont se rassembler et danser dans la cour, pour répéter toutes les danses bretonnes qu'ils ont appris au cours de l'année. Pour le bon déroulement de l'activité, nous aurons besoin de quelques parents accompagnateurs. »

C'était avec plaisir que je m'inscrivais pour ce petit moment musical.

Une semaine plus tard, je rejoignais donc l'intégralité de l'école avec mon fils. Ma fille en était ravie. Au début, il y avait un peu d'appréhension, de timidité et de retenue qui avaient vite laissé place à de l'enthousiasme.

Les pas étaient faciles à retenir, même pour mon fils de 3 ans. J'étais avec un petit groupe d'enfants. C'était un bon moment d'échange et de complicité où l'on se prenait tous au jeu.

La joie de danser, le bonheur de prendre du plaisir, les rires des enfants me faisaient oublier la maladie. Je me sentais super bien.

Plus le temps passait, plus je sentais mon cœur taper dans ma cage thoracique. Entre deux danses, je devais reprendre mon souffle.

On me demandait à plusieurs reprises si je me sentais bien. Eh oui ! Tout le monde était au courant pour ce cancer et les traitements. D'ailleurs, mon foulard sur la tête remplaçait mes cheveux tombés quelques semaines plus tôt.

Ça me faisait un bien fou de me dépenser ainsi et de prendre autant de plaisir. Je me sentais si vivante, c'était un beau pied de nez à la maladie !

J'avais pourtant fait une séance de chimiothérapie deux jours auparavant, mais cette euphorie m'avait permis de surpasser la fatigue et les douleurs. Bien sûr, ce n'était pas sans savoir qu'il y allait y avoir des répercussions dans les prochains jours, dues à cet effort incroyable. Je m'en fichais, je voulais simplement profiter de cet instant de bonheur intense. Je vivais le moment présent à fond.

Il y avait aussi ces moments étranges où un sentiment pesant se propageait dans mon corps et dans mes pensées.

Comme au premier Noël après la maladie, alors que j'avais terminé le plus gros des traitements et que je me sentais bien, l'idée que j'aurais pu ne pas pouvoir le vivre m'a traversé l'esprit. Des frissons avaient alors parcouru tout mon corps, entraînant une sorte de tristesse intérieure spontanée, suivie quelques minutes plus tard, d'une joie immense d'être là, présente en famille. Je me sentais chanceuse d'être vivante, car malheureusement, on ne guérit pas toujours du cancer.

Avec mon mari, nous en avions parlé juste après, car lui-même avait pensé à ce bonheur de pouvoir vivre ce moment ensemble. Ça en devenait presque un privilège. Moi, je suis là, debout, alors que d'autres, qui se sont battus avec rage et force, sont pourtant tombés. Pourquoi moi ? Je ne sais pas et je n'aurais jamais la réponse, mais ce que je sais, c'est que je dois maintenant savourer ma vie, sans me soucier de demain et sans penser à hier.

Chapitre 3
Saignements interminables

Ayant eu un cancer du sein hormono-dépendant, les moyens de contraception possibles restent très limités. En effet, tout ce qui contient des hormones est à proscrire, ce qui est le cas de l'implant, de certains stérilets et de la pilule. Il me reste alors à choisir entre le préservatif ou le stérilet au cuivre.

Mon choix se porte rapidement sur ce dernier pour le confort, le côté pratique et financier, mais c'est sans savoir que celui-ci va me poser bien des tracas par la suite.

On me le pose une première fois en mai 2019, lors d'un curetage de l'endomètre. Il avait été réalisé, afin de vérifier qu'aucune cellule cancéreuse ne soit présente, car des kystes étaient visibles à l'échographie. Bien heureusement, tout s'était révélé normal.

Ma surprise fut totale, lorsque ma gynécologue découvre après vérification que ce stérilet était descendu et n'était donc plus efficace comme contraceptif. Nous sommes le 22 juillet et trois mois se sont déjà écoulés depuis la mise en place. Par chance, aucun embryon n'a pu s'implanter.

Une semaine plus tard, la pose du second se déroule normalement, hormis l'activation de mon cycle qui se met très vite en route. Trois semaines passent et mes saignements persistent.

Je contacte ma gynécologue qui me rassure en m'expliquant que le premier mois après la pose peut être compliqué. C'est le temps que tout se mette en route.

Je prends donc mon mal en patience en me disant que ça va bien finir par s'arrêter.

Or, plus les jours passent, plus les pertes sont importantes et ce soir, se rajoutent des douleurs au ventre, comme de légères contractions.

Au réveil, c'est avec horreur que je me découvre trempée. Quelques secondes passent, avant que je comprenne d'où ça vient. C'est alors que je me lève discrètement et me dirige vers les toilettes, sans faire le moindre bruit. La peur de me retrouver nez à nez avec mes enfants m'envahit.

Je suis affreusement surprise et presque honteuse de me voir ainsi. Je découvre mes vêtements pleins de sang et les toilettes qui se colorent instantanément d'un rouge éclatant me font froid dans le dos.

Je file ensuite le plus vite possible sous la douche qui, elle aussi, va prendre une teinte vive. Je suis alors contrainte d'attendre plusieurs minutes, impuissante, avant que mon corps arrête de saigner et que je puisse enfin me laver.

C'est une sensation et une vision particulière, presque effrayante.

Dans la journée, les protections hygiéniques se remplissent à vue d'œil et le moindre mouvement réalisé accentue ce phénomène.

La gynécologue me prescrit alors un médicament sur 3 jours pour stopper les saignements. Je mets toute ma confiance en celui-ci et c'est avec un grand soulagement que je constate qu'ils diminuent très fortement.

Malheureusement, une fois le traitement terminé, les saignements reprennent de plus belle. Je me sens fatiguée physiquement et moralement.

La gêne s'installe en moi. Les jours passent et se ressemblent. Je porte des pantalons noirs, au cas où. J'évite de marcher, de sortir. Je dors avec une serviette de toilette sur le lit et tous les matins, je la retrouve immaculée de rouge.

Quelques jours passent avant que je reprenne le traitement. La scène se répète avec le même soulagement, suivi de la même déception. L'impression que rien ne peut arrêter mes saignements me submerge. Je suis perdue. Est-ce qu'il vaudrait mieux retirer le stérilet ? Ah moins que j'attende encore un peu ?

L'oncologue avait évoqué l'idée de changer de traitement d'hormonothérapie et d'y ajouter des injections pour stopper les hormones. Une ménopause artificielle en fait. Ça ne me tentait franchement pas et j'espérais pouvoir l'éviter, mais là, mes espoirs tombent à l'eau.

Chapitre 4
Résultats génétiques

Ce midi, en ouvrant ma boîte aux lettres, je découvre un courrier portant le nom du centre de cancérologie. En une fraction de seconde, je comprends que c'est une convocation pour mes derniers résultats génétiques que j'attends impatiemment depuis 5 mois.

Il est indiqué :

« Nous vous informons de votre rendez-vous, le 16 Octobre à 10 h. 40, en génétique. »

Mon cœur se met à battre la chamade et mes mains deviennent moites. Toutes les éventualités se mélangent dans ma tête et mes pensées deviennent troubles. Je sens déjà le stress monter en moi, mais il va me falloir attendre trois semaines pour en savoir plus…

Le 29 mai 2019, j'avais reçu une première partie. A mon plus grand bonheur, les trois gènes testés s'étaient révélés négatifs : BRCA1, BRCA2 et PALB2.

Cependant, le spécialiste m'avait proposé de tester un autre gène, qui aurait également une incidence sur la survenue d'un cancer. C'est le gène TP53 qui peut engendrer des tumeurs dès l'enfance. Il considère mon pourcentage de risque à 10%, ce qui me paraît peu, mais vaut mieux être prudente.

J'avais donné mon accord sans période de réflexion supplémentaire, car je ne souhaitais pas prendre de risque pour mes enfants et moi-même. Je préférais avoir toutes les clés en main, pour bénéficier d'une surveillance si besoin et de ne pas avoir de regrets dans le futur.

Depuis que j'ai reçu cette convocation, l'idée de pouvoir être porteuse de ce gène m'inquiète. Je chasse vite ceci de ma tête, en profitant des instants présents, sans trop me poser de questions.

Malgré tout, les jours qui précèdent le rendez-vous me paraissent longs. Je me sens fatiguée, irritable et un rien m'énerve.

Depuis la fin de mes traitements, je ne peux plus bénéficier de bons de transport. Alors aujourd'hui, c'est la première fois que je fais la route seule, comme livrée à moi-même. Mon trajet vers le centre me paraît long, mais l'attente sur place l'est d'autant plus.

Assise dans la salle d'attente, je sens tout mon corps se contracter sous l'emprise du stress, avec cette sensation d'être collée à la banquette.

Je me parle à moi-même, je me rassure et j'essaie de penser à la bonne nouvelle que le médecin va m'annoncer d'ici quelques minutes. Ma pensée positive n'a pas le temps de se terminer que je pense déjà au pire « Et si je suis porteuse de ce gène ? »

Cette idée suffit à me replonger dans l'angoisse. Je sais malheureusement que tout est possible, que personne n'est à l'abri. Mon regard est figé sur la porte, mes pieds ancrés dans le sol. Je n'attends qu'une chose, une seule, l'arrivée du médecin.

Il faut dire que j'ai appris quelques semaines auparavant, la mutation de ce gène sur une connaissance et sur son fils. J'avoue que ça m'a perturbée. Bien sûr, j'ai été attristée pour elle et sa famille, mais je ne pouvais pas m'empêcher de me voir à sa place. C'est une situation difficile à accepter et à gérer. J'imagine que l'on se pose une tonne de questions et que l'on se sent coupable d'avoir transmis ceci à son enfant, même si de toute évidence, nous n'y sommes pour rien.

La porte que je scrute depuis de longues minutes s'ouvre enfin pour laisser apparaître la spécialiste.

— Bonjour Madame Lebihain. Venez dans mon bureau, me dit-elle.

Son regard, son visage ne laissent rien paraître. Le doute et l'angoisse augmentent alors d'un grade.

Une fois installée dans son bureau, elle reprend :

— Alors, nous nous voyons aujourd'hui pour les résultats du gène TP53. Je ne vais pas vous faire attendre plus longtemps, les analyses ont permis d'apprendre qu'aucune altération du gène TP53 n'a été mise en évidence.

Un poids considérable se détache alors de mon corps qui devient subitement léger comme une plume. Avec un large sourire qui s'affiche sans retenue sur mon visage, je lui réponds instantanément :

— Je suis bien soulagée. Je vous avoue que je suis stressée depuis ce matin.

— Je comprends. C'est une très bonne nouvelle en effet. Avez-vous des questions ?

— Je ne suis donc porteuse d'aucun gène en rapport avec le cancer du sein ?

— En conclusion, il faut comprendre que le risque d'une éventuelle forme héréditaire de cancer diminue de façon significative. Ce résultat négatif peut aussi être dû à des limites techniques, mais vous pouvez déjà être bien rassurée.

Elle complétera en m'expliquant qu'il faut maintenant continuer la surveillance avec une mammographie annuelle.

Pour ma fille, elle conseille la réalisation d'une palpation mammaire annuelle par les soins d'un médecin, à partir de l'âge de 20 ans. Au vu de mon jeune âge, elle souhaite qu'un point puisse être fait vers l'âge de 30 ans sur l'évolution des connaissances et des conseils de surveillance mammaire qui auront peut-être évolués d'ici là.

Chapitre 5
Rendez-vous avec l'oncologue

Alors que je me remets de mes émotions, il est maintenant temps de patienter avant de voir l'oncologue. Le dernier rendez-vous a eu lieu trois mois plutôt, en mai. Elle avait évoqué la possibilité de rajouter des injections, pour me mettre en ménopause si mes règles restaient très abondantes, ce que je souhaitais éviter.

Pendant la chimiothérapie, mon corps s'était comme ménopausé. Au fil du temps, tout était rentré dans l'ordre, mes cycles étaient revenus. Néanmoins, la combinaison hormonothérapie – stérilet avait l'air de ne pas plaire à mon corps.

Elle me fait entrer dans son bureau et me demande :

— Comment vous sentez-vous depuis la dernière fois ?

— Très bien, merci. Je viens d'avoir mes résultats génétiques, alors ça va beaucoup mieux.

— Ah oui, vous les avez eus ? Je vais regarder.

Elle ouvre mon dossier sur son ordinateur ; le résultat est validé et disponible. Elle affiche alors un sourire et dit :

— C'est une très bonne nouvelle ce résultat.

— Oui, je me sens mieux maintenant. J'avoue que ça me stressait depuis plusieurs jours.

— C'est normal. Bon tant mieux. Sinon vous vous sentez en forme ? Vous supportez l'hormonothérapie ?

— Oui, je me sens très bien. Je me fatigue toujours plus vite qu'avant, mais c'est normal. Le comprimé me donne des douleurs articulaires. Je me sens un peu rouillée des fois, mais je marche un peu et ça va mieux après.

— D'accord. Oui, c'est important de garder une activité physique. Pour vos saignements, tout est rentré dans l'ordre ?

— Ah ça, c'est la question qui fâche *(rire nerveux)*. Mes cycles sont toujours très abondants malheureusement. Sur conseil de ma gynécologue, j'ai pris un traitement pour les stopper, mais dès que je l'arrête, ça reprend de plus belle.

— Bien. Du coup, il va falloir changer de traitement. Vous allez arrêter l'hormonothérapie et commencer les injections. Elles se font à domicile, tous les 28 jours. Je vais voir avec mes collègues, si on rajoute un comprimé d'une autre molécule, en plus des injections. Je vous rappellerai mercredi au plus tard pour vous dire ce qu'il en est. N'hésitez pas à rappeler jeudi, si jamais vous n'avez pas eu de nouvelles, car ça sera mon dernier jour ici. J'en profite donc pour vous annoncer mon départ, ma remplaçante prendra le relais.

Lorsque la spécialiste fait son aparté en m'annonçant son départ imminent du centre, un sentiment lourd s'empare de moi. Tout en l'écoutant, une tonne de questions s'entrechoque déjà dans ma tête.

Au lieu de lui dire mon ressenti et ma peur, je souris bêtement pour ne rien lui montrer.

Le sujet de conversation est sérieux et important. C'est donc pour cette raison que je tente de rester concentrée.

Je reprends :

— Du coup, on est obligé de changer le protocole ?

— Oui, vos saignements sont très abondants. En vous mettant en ménopause, il ne devrait plus y avoir ce souci.

— D'accord, je commence quand ?

— Maintenant. Vous allez pouvoir contacter les infirmiers près de chez vous et fixer la date de la première injection.

— D'accord. Merci.

Lorsque vient le moment de me raccompagner, je saute sur l'occasion pour me rattraper :

— C'est avec regret que je vous dis au revoir et bonne continuation. Vous êtes un très bon médecin. Merci pour tout.

— Merci Madame, bonne continuation à vous. Vous aurez une très bonne prise en charge avec ma consœur.

Il faut dire que pendant ces 18 mois où elle a été là pour répondre à mes questions et me proposer le bon protocole, elle m'a aussi aidée à vaincre ce cancer. Elle fait partie de cette victoire et par le même biais, de cette parenthèse dans ma vie. De longs mois où j'ai su que je pouvais compter sur elle. Il me suffisait d'ailleurs de laisser un message à sa secrétaire pour qu'elle me rappelle dans la journée. J'ai eu une prise en charge au top et ma confiance en elle était entière.

Je pars alors de ce rendez-vous le cœur lourd, en espérant trouver le même professionnalisme avec sa collègue, que je rencontrerai dans 6 mois (le 13 mai 2020).

Ça fait maintenant un an que j'ai commencé l'hormonothérapie. Je la supporte plutôt bien, hormis les saignements hémorragiques et les douleurs articulaires, alors j'appréhende un peu ce changement de protocole qui risque d'être bien plus contraignant.

Bien sûr, des questions se posent avec cette ménopause forcée, mais ai-je vraiment le choix ?

Depuis mon rendez-vous, je laisse passer les jours tranquillement. Je devrais appeler le cabinet infirmier pour fixer la date de la première injection et passer à la pharmacie pour prendre mon nouveau traitement, mais une petite voix me dit d'attendre. Pourquoi ne pas retarder d'un mois et ainsi laisser une dernière chance à mon corps de se régler ?

Alors que je tente le coup et attends mon prochain cycle, il se met en route un mois plus tard, tout en douceur cette fois. La semaine passe et mes saignements sont presque normaux. Même si mon cycle dure quinze jours, tout se passe tranquillement. Je reste quand même sur mes gardes, en attendant le mois prochain.

Les prochains cycles se déroulent de la même manière, à mon plus grand bonheur. Je décide donc de tirer un trait sur les injections et le nouveau traitement.

Encore une nouvelle raison de croire qu'une relation corps/esprit existe sûrement et qu'il faut l'écouter.

Chapitre 6
Une soirée au profit de
l'Association Madame S.

16 novembre 2019

Ce soir, je suis conviée à une soirée organisée au profit d'une association qui lutte contre le cancer du sein, pour y présenter mon premier livre *« Au cœur de mon combat »*.

Je vais y découvrir cette association nantaise « Madame S », créée en 2017. J'ai pu lire qu'elle lutte contre le cancer du sein, via l'organisation d'événements tout au long de l'année pour sensibiliser, fédérer et aider financièrement la mise en place d'activités soutenant la personne malade et son entourage. J'ai hâte d'en savoir plus.

En entrant dans le restaurant, je découvre plusieurs prestataires présents pour vendre leurs produits et faire don d'une partie de leurs bénéfices à l'association.

Présentations, échanges et discussions se mettent vite en place.

J'attends impatiemment l'arrivée des clients. L'appréhension est bien là. En effet, étant une première pour moi, je ne sais pas trop à quoi m'attendre.

Alors que j'installe mes livres et mes flyers sur une table, un homme s'approche de moi. Il s'agit du fondateur de cette association qui vient m'en dire plus sur son fonctionnement. Avec son équipe, lors d'événements, ils évitent la banalisation de la maladie, vendent des goodies et échangent sur la prévention et la réalité du cancer du sein.

Son assurance et sa prestance me mettent très vite à l'aise. J'écoute attentivement les raisons qui l'ont poussé à se lancer dans la création de celle-ci. En effet, sa femme a lutté contre un cancer du sein, tout en gardant son énergie et son sourire durant cette période difficile. Malheureusement, cela n'a pas suffi, puisque la maladie l'a emportée, alors qu'elle n'avait que 43 ans.

Je sens toute l'émotion et la tristesse dans sa voix, mais je constate également toute la fierté et l'admiration qu'il porte à sa femme, partie trop vite.

Nous discutons longuement et faisons part de nos avis communs sur les conséquences qu'a la maladie sur l'entourage des malades. En effet, les amis s'éloignent, le côté médical envahit notre vie et la famille peut se sentir démunie.

Je suis plongée dans son histoire si triste et si réaliste à la fois, car cette situation arrive bien trop souvent.

La perte d'un être cher est terrible. J'imagine la tristesse, la colère, la solitude qui a dû envahir cet homme, du jour au lendemain en perdant sa moitié. Ça ne devrait arriver à personne.

Il a ensuite eu la force de créer cette superbe association qui mérite d'être connue et reconnue pour leur dévouement auprès des malades et de leurs proches. Les animations, les soirées qu'ils organisent, tout se déroule dans la convivialité et la jovialité, en faisant passer leur message.

Je suis là, devant lui, à le regarder et à l'écouter, tout en m'identifiant et en me projetant dans son récit. Oui, car ça aurait pu être mon mari, parlant de moi partie trop vite. C'est très déstabilisant comme situation. Ses mots, ses anecdotes résonnent en moi. C'est du déjà vu, du déjà vécu. Tout ce qu'il me raconte me fait écho.

Je suis contente d'avoir pu faire sa rencontre et ainsi en savoir plus sur cette belle association.

Alors que le fondateur retourne à son stand, des personnes entrent dans le restaurant et commencent à en faire le tour.

Je suis de nature réservée, mais c'est pour la bonne cause. Je prends alors sur moi pour engager la conversation avec eux. Je leur raconte mon parcours et leur présente mon livre. Certains s'empressent d'aller vers d'autres prestataires, d'autres m'écoutent et discutent furtivement, mais il y a aussi ceux qui entament de longues discussions très intéressantes.

C'est le cas de cet homme, la soixantaine, manteau de cuir et bottes de moto. Il s'approche et me dit :

— Bravo Madame, ça n'a pas dû être simple d'écrire votre parcours.

— Non, c'est vrai, mais je me suis lancée dans le but de sensibiliser, aider les malades et informer leurs proches.

— Eh bien, bravo, vraiment !

— Merci beaucoup, c'est très gentil.

— Malheureusement, je connais bien le cancer. J'ai perdu ma femme et ma fille à cause de cela.

— Je suis sincèrement désolée, lui répondis-je, la gorge serrée.

Il me raconte ensuite que sa fille s'est battue très longtemps contre la maladie, que les bonnes et les mauvaises nouvelles se sont succédées durant des années.

Quant à sa femme, un cancer des poumons ne lui a laissé aucune chance. Il l'a emportée en moins de six mois.

Son histoire me touche, les mots ont du mal à venir et ma voix tremble.

Les histoires de ses deux hommes qui ont perdu leurs amours, leurs moitiés me bouleverse intérieurement. Je leur montre ma compassion et ma sensibilité, tout en étant désemparée. Alors qu'un sentiment d'injustice et de tristesse me traverse, je souhaite à ce Monsieur beaucoup de courage pour la suite. En me touchant le bras, il me remercie sincèrement.

Alors que la soirée se poursuit, de nouvelles discussions s'enchaînent jusqu'à la fin de celle-ci qui a été riche en émotions.

Sur le chemin du retour, ma concentration est moindre. Je repense à tout ceci, à toutes les injustices qui peuvent arriver, à toutes ces personnes qui traversent de terribles épreuves.

Je rentre chez moi le cœur lourd et file me coucher rapidement en pensant bien dormir, mais ce fut bien le contraire. Ma nuit est très mouvementée, remplie de pensées négatives. Mon cerveau se met à imaginer le pire avec de nombreuses questions qui s'entremêlent.

Est-ce que j'aurais vraiment pu mourir ? Comment mon mari aurait vécu après ça ? Et mes enfants ? Et si je viens à faire une récidive ? Quelle nuit tourmentée !

Au réveil, je me mets un coup de pied aux fesses et trouve des occupations, afin d'oublier tout ça. Je reprends ma vie avec tout son positif et pense au futur, sans mettre de « si ».

Chapitre 7
Rendez-vous avant
l'opération, le 06/02/2020

Aujourd'hui, je revois le chirurgien pour confirmer la date de l'opération et faire le point. Ça sera donc bien le 13 mars comme prévu.

L'heure de la première étape de la reconstruction arrive à grand pas. L'appréhension et l'excitation vont commencer à se faire ressentir.

Il m'examine, regarde la graisse qu'il va pouvoir prélever et m'annonce que ça sera les cuisses pour cette fois-ci. Je suis bien contente que ce ne soit pas les fesses pour la première, car j'avais peur des douleurs et des contraintes pour m'asseoir ou conduire.

Il me réexplique que deux injections de graisses sont nécessaires pour combler le creux, car ma peau est très souple et fine. Effectivement, on voit très bien ma cage thoracique et les battements de mon cœur.

D'ailleurs, après l'ablation, j'avais mis du temps à m'habituer à cette sensation étrange qui se produisait dans mon corps. Les pulsations cardiaques se faisaient ressentir d'une nouvelle façon, sous forme de picotements ou de chatouilles.

— A la suite de ces deux premières opérations, nous referons le point, afin de déterminer si l'on peut bien faire un lipomodelage exclusif comme vous le souhaitez ou s'il faut envisager la pose d'une prothèse, me dit-il.

J'espère sincèrement que mon choix de première intention sera réalisable. J'ai choisi celui-ci pour son rendu et son aspect naturel, mais également pour éviter d'avoir un corps étranger en moi et ne pas devoir faire un changement de prothèse tous les 10 à 15 ans.

Ce choix est évidemment propre à chacun. Le principal est qu'il corresponde à nos attentes.

Beaucoup de femmes font d'ailleurs le choix de rester ainsi et assument parfaitement leur corps. Elles portent un joli nom : les amazones.

Je ne suis pas surprise par son discours, étant donné qu'il m'avait expliqué la même chose au dernier rendez-vous. Néanmoins, je crois bien qu'au fond de moi, j'espérais tout de même que la situation puisse changer.

Le chirurgien me donne ensuite les ordonnances et les documents nécessaires. Une infirmière devra me retirer les fils 5 jours après l'opération, sur la zone de prélèvement. La kiné me fera des massages sur les cuisses, afin d'atténuer les douleurs et les hématomes. J'aurais également une crème à appliquer dans ce même but.

Vient alors le moment fatidique des questions. Je me souviens très bien des premières fois où je sortais discrètement ma petite liste de ma poche. Au moment où les spécialistes s'apprêtaient à mettre fin au rendez-vous, je prenais mon courage à deux mains pour intervenir et poser mes questions. L'impression de gêner me saisissait à chaque fois.

Ça fait maintenant 2 ans et ce sentiment est toujours présent. Par contre, j'assume complétement le fait d'en avoir et de les mettre sur la table. D'ailleurs, tous les spécialistes que j'ai rencontrés y répondent avec soin, ce que je trouve très important, car il ne faut pas rester avec des interrogations et des doutes.

Il prend donc le temps de répondre à chacune de mes questions, dont une en particulier qui le fait sourire :

— Lorsque vous allez injecter la graisse dans ma poitrine, vous ne pouvez pas piquer là où il ne faut pas ?

— Non, je vais prendre toutes les précautions et y aller doucement.

— Vous ne risquez pas de piquer dans mon cœur alors ? lui dis-je avec un rire nerveux.

— Mais non, me dit-il avec un large sourire. Les seuls risques sont l'infection, qui sont très rares et la non prise de graisse. Cela revient à dire que la graisse ne prend pas et que le lipomodelage ne fonctionne pas.

— D'accord, je vous donne toute ma confiance alors.

— Merci. Vous avez raison, c'est important, me dit-il.

Ce qui est presque vrai. En effet, j'ai confiance en ce chirurgien qui m'a déjà opérée lors de la mastectomie. Son attitude avant et après l'ablation de mon sein avait été exemplaire et la cicatrice était très belle. J'étais très satisfaite.

Malgré tout, bien sûr, avant chaque opération, le stress et le doute s'imposent dans toutes les émotions.

Je rencontre ensuite l'anesthésiste. Un questionnaire, un petit check-up, les ordonnances pour les antidouleurs et voilà, tout est prévu. Dans un mois et sept jours, la grande aventure de la reconstruction débutera. Ces deux rendez-vous rendent ceci bien concret et réel. Mes sentiments se mélangent : excitation, appréhension, impatience, puis doutes. Quel tourbillon d'émotions…

Ce qui est sûr, c'est que je suis prête et motivée.

Chapitre 8
L'incompréhension

Tandis que la première intervention approche, il est temps pour moi d'acheter le soutien-gorge préconisé par le chirurgien. Lors de mon dernier rendez-vous, il m'avait fourni l'ordonnance en m'expliquant :

— Il est très important de l'avoir dès le début, car c'est lui qui va permettre à la graisse de se positionner correctement et de donner la forme désirée. Il faut qu'il s'ouvre sur le devant et qu'il possède un large élastique pour le maintien. Vous pouvez le commander en pharmacie, mais sachez qu'il n'est pas remboursé par la sécurité sociale. Vous pourrez trouver un modèle similaire dans les magasins de sport, moins chers. Je vous note la référence.

Quelques jours plus tard, lors d'une sortie en famille, nous en profitons donc pour faire une halte dans l'un de ces commerces. Nous parcourons quelques rayons, avant de demander discrètement à une vendeuse :

— Bonjour Madame, excusez-moi, je cherche les soutien-gorge de sport, s'il vous plaît.

— Bonjour Monsieur-Dame, oui alors vous prenez l'allée centrale du magasin, toujours tout droit et ça sera en face de vous.

— D'accord merci.

Plusieurs modèles sont présents dont celui que m'a noté le chirurgien. Je trouve différentes tailles. Je cherche la mienne, mais quelle est-elle vraiment ? Je connais bien sûr ma taille d'avant, mais selon le spécialiste, elle a diminué avec la chimiothérapie et la fatigue, alors que dois-je prendre ? Je suis là, devant le rayon, sans trop savoir quoi faire, lorsque je vois un mètre ruban à disposition. Mon mari me soulage alors de mon manteau. Je saisis le mètre et le dispose comme indiqué, à savoir au niveau de la pointe des seins. Oui, sauf que n'en ayant qu'un, la taille trouvée ne correspond donc à aucun modèle. Je sens de l'énervement monter en moi, quand une vendeuse m'interpelle :

— Bonjour Madame, vous avez besoin d'aide peut-être ?

— Bonjour Madame. Oui, en effet. Je cherche un soutien-gorge de sport, mais je ne sais pas trop quelle taille acheter.

— D'accord, c'est pour faire quel sport ?

Une légère gêne s'installe, avant que je lui réponde :

— Non, en fait, j'ai eu une ablation après un cancer du sein et le chirurgien me recommande ce soutien-gorge pour la reconstruction.

— Ah oui d'accord. Effectivement, beaucoup de femmes opérées l'achète. Je vais appeler une collègue qui saura mieux vous renseigner. Elle vient tout juste de faire une formation pour les sous-vêtements justement.

Cette dame arrive alors et me demande :

— Bonjour Madame, vous avez besoin de renseignements ? C'est pour quel type de sport ?

La gêne et l'énervement montent d'un grade, je lui répète comme à la première personne :

— Bonjour, j'ai eu une ablation après un cancer du sein et le chirurgien me recommande ce soutien-gorge pour la reconstruction. Or, je ne sais pas trop quelle taille choisir.

— Oui, tout à fait, ils sont beaucoup utilisés après les opérations. Quelle est la taille de votre poitrine ?

Mal à l'aise, je lui dis ma taille d'avant cancer et mon incertitude sur celle d'aujourd'hui.

Alors qu'elle me conseille deux petites tailles, sa collègue toujours présente, me dirige vers une plus grande. J'étais perdue avant, mais alors là, je le suis encore plus. Les deux vendeuses n'étant pas en accord, la première me laisse avec sa collègue, celle qui vient de faire une formation et pourtant…

Tandis qu'elle choisit les deux tailles dans le rayon et qu'elle me les tend, je me rends compte que ce ne sont pas les bonnes. Au lieu de regarder les tailles en FR, elle choisit en EUR. Je lui fais remarquer, mais elle insiste fortement, avant de se rendre compte de son erreur.

En me donnant les bons modèles, elle me dit enfin :

— Je vous laisse les enfiler en cabine d'essayage, je suis à coté si besoin. Surtout, mettez bien les deux seins en place.

Je reste sans voix. A-t-elle écouté et compris ma situation ?

Je lui réponds juste :

— Merci.

Énervée, fatiguée, mal à l'aise, je file aux cabines et essaie la première taille, puis la deuxième, sans succès. Ils sont beaucoup trop serrés, il m'est impossible de les fermer. J'ai chaud, je suis mal à l'aise, j'en ai marre. Je passe ma tête à travers le rideau et voit mon mari essayant de canaliser nos enfants qui s'impatientent, mais je n'aperçois aucune vendeuse à l'horizon. C'en ai de trop, je décide de retourner dans le rayon pour y déposer les soutien-gorge. Je me sens un peu seule, incomprise face à cette vendeuse.

Mon mari perçoit mon désarroi et m'explique que les vendeuses n'y sont pour rien, que l'on ne peut pas se mettre à ma place si l'on n'est pas touché personnellement. Je sais qu'il a raison, mais cette situation n'est déjà pas évidente et là, rien ne m'a aidée. Ni les vendeuses, ni le fait que ce soit un grand magasin avec plein de passage, ni mes enfants qui ne tenaient plus en place.

Nous repartons donc les mains vides.

Quelques jours plus tard, je me renseigne en pharmacie et étonnement, le prix est quasiment le même. Je prends les mesures chez moi, au calme et dans toute mon intimité, puis j'y retourne pour passer commande, avec satisfaction. J'aurais dû commencer par-là, finalement, mais les propos du chirurgien m'avaient induite en erreur.

Chapitre 9
Interview avec Carenety

12 mars 2020

Aujourd'hui, je participe à une expérience enrichissante. Il y a quelques semaines, un site de santé recherchait une personne pour témoigner de son parcours face au cancer du sein. Je m'étais tout de suite proposée, toujours dans l'optique d'aider les malades et leurs proches. Après un entretien téléphonique, j'ai été ravie d'apprendre que j'étais sélectionnée.

Voilà que le jour J est enfin arrivé. Les mains posées sur le volant, en route vers le lieu de rendez-vous, l'excitation et l'appréhension se mélangent pour concocter une potion assez surprenante.

En arrivant sur place, je rencontre Emilie, avec qui je suis en contact depuis le début. Je suis contente de pouvoir mettre un visage sur son prénom. Le réalisateur est prêt à commencer, il nous attend.

Une montée d'adrénaline se fait rapidement ressentir et traverse tout mon corps. Micro branché, caméra braquée sur moi, Emilie me pose les questions sur mon parcours et mes réactions face à la maladie. J'essaie d'y répondre le plus naturellement et spontanément possible. Mon cœur bat la chamade, mes mains sont moites et ma voix est tremblante.

A la fin de l'interview, tandis que le stress et l'adrénaline redescendent doucement, je suis heureuse de l'avoir fait, fière d'avoir osée m'exprimer face à cette caméra pour soutenir toutes les personnes qui traversent cette terrible épreuve, mais aussi pour sensibiliser toutes les femmes.

Ayant du mal à gérer les situations inconnues depuis l'enfance, je vous avoue que ça m'aurait semblé impossible avant la maladie. Cela dit, tous les traitements et les examens médicaux m'ont aidée à prendre sur moi, à gérer mon stress.

C'est vrai que l'écriture de mon premier livre, les rencontres lors des séances dédicaces et des soirées m'ont également permis d'acquérir une certaine confiance en moi, qui me manquait sincèrement auparavant.

En rentrant chez moi, je me sens légère, heureuse. Un large sourire reste figé sur mon visage et mes yeux brillent. Il va falloir attendre un bon mois avant de pouvoir visualiser le montage vidéo, mais j'ai déjà hâte.

Lorsqu'Emilie m'envoie la vidéo finalisée, je suis ébahie du résultat. Le montage rend l'interview naturelle et spontanée. Je n'en reviens toujours pas d'avoir osé témoigner ainsi, mais ce qui est sûr, c'est que j'espère pouvoir continuer à sensibiliser sur le cancer du sein. Ça me fait réfléchir à d'autres projets !

Chapitre 10
1re étape de la reconstruction, annulée

A quelques jours de la 1re étape, le doute vient s'installer tranquillement. Et pour cause, les dernières semaines ont été pénibles avec gastro-entérite et grippe pour toute la famille. Pour compléter le tout, des crises d'asthme nocturnes pour ma fille. Un manque de sommeil considérable s'est imposé à moi.

Je sens que mon corps est démuni de force et que mon esprit est las. A ce manque d'énergie s'ajoute bien sûr des interrogations. Est-ce le bon moment de se faire opérer ? Est-ce que la récupération va être encore plus dure ? Y a-t-il une autre cause à cet épuisement ?

A quatre jours de l'opération, je prends rendez-vous chez le médecin pour en parler et faire le point. Il me trouve une tension assez basse qui explique cette sensation de faiblesse qui ne me quitte plus. Il me demande alors de faire une prise de sang demain matin et selon le résultat, je pourrais prendre ma décision plus facilement.

Ma motivation reste entière, mais je sens que ma fatigue prend de plus en plus le dessus. Je suis perdue et épuisée. Faible et usée. Il m'est impossible de réfléchir posément.

Alors quand les résultats tombent deux jours plus tard et qu'ils montrent une grosse anémie, je comprends mieux cette fatigue persistante et cette sensation d'épuisement qui se sont emparées de mon corps.

C'est une terrible frustration de devoir annuler l'intervention. Elle était pour moi le signe du commencement, du renouveau, du retour à la « normale » si je puis dire. Je m'y étais préparée physiquement et psychologiquement depuis un moment déjà. Je me sentais prête.

C'est une grande déception bien sûr, mais je sais qu'un long parcours se dresse encore devant moi. Il va me falloir être en forme, afin de le supporter. Ainsi, ma priorité est de récupérer des forces et espérer que ma prochaine prise de sang soit bonne. Elle aura lieu dans un mois, le temps que mon traitement agisse. En attendant, je vais accepter cette situation et en profiter pour me reposer.

Quelques jours plus tard, on apprend que le plan blanc est déclenché dans les hôpitaux pour faire face à l'arrivée massive des malades. Toutes les opérations chirurgicales non importantes sont annulées, reportées. En effet, le Monde est actuellement touché par un nouveau virus, la Covid-19. De fortes mesures sont prises par le gouvernement, dont le confinement et la fermeture de toutes les écoles.

Alors voilà, je vais devoir faire l'école à la maison à mes deux petits loulous, de 5 et 8 ans. Ça ne va pas être de tout repos. Moi qui espérais reprendre des forces rapidement, cela me paraît bien compromis.

Cependant, ça va aussi être le bon moment pour profiter de ces instants familiaux pour me ressourcer et remplir ma jauge de bonheur au maximum. Et puis, nous avons la chance d'habiter dans une maison avec un grand jardin.

La première semaine sans école passe tranquillement et la motivation de mes enfants m'impressionne. Je prends du temps avec eux. Ça fait du bien, ça donne du baume au cœur, surtout qu'ils me le rendent bien.

Arrive la deuxième semaine avec autant d'entrain. On s'organise, on adapte notre temps de travail, de devoirs, de jeux et de plaisir.

Alors que nous arrivons au 18e jour de confinement, la lassitude, l'impatience et l'énervement se font ressentir pour eux, mais également pour moi. Alors on relâche un peu la pression, je les laisse s'occuper et jouer tranquillement.

Le 03 mai, le déconfinement commence enfin. Après avoir passé tout ce temps enfermés, nous redécouvrons les magasins, ainsi que leurs files d'attente.

Sans nouvelle du chirurgien, je décide de le contacter pour reprogrammer l'intervention. La secrétaire décroche, je lui explique :

— Bonjour, je suis Mme Lebihain. Ma première opération pour la reconstruction mammaire aurait dû avoir lieu le 13 mars. Du fait d'une anémie, elle avait été annulée. Après, il y a eu le plan blanc de déclenché, alors je vous appelle pour voir si les opérations ont repris ?

— Oui effectivement, Madame Lebihain, elles reprennent tout doucement, mais par priorité. Malheureusement, votre reconstruction n'ayant pas débuté, il va falloir attendre la fin d'année, peut être décembre. En attendant, je vous fixe un nouveau rendez-vous avec le chirurgien. En septembre, ça vous irait ?

— Oui, d'accord, je comprends, merci.

Le rendez-vous est fixé fin décembre. Ensuite, je devrais revoir l'anesthésiste. Je comprends tout à fait la situation, mais c'est vrai que c'est frustrant et décevant de devoir attendre de nouveau. Ma reconstruction aura donc pris 8 mois de retard.

La journée est étrange. Je me sens attristée, un peu démotivée. Heureusement, je retrouve vite mon énergie et ma bonne humeur. Un peu de patience, après tout : « Tout arrive à ceux qui savent attendre ».

Chapitre 11
La gestion du stress

Ce soir, alors que je regarde le journal télévisé, un petit papy de 95 ans vient à témoigner de sa bataille contre le coronavirus, ce virus arrivé en France en janvier 2020, qui intrigue, fait peur et dont la barre des 20 000 décès vient d'être atteinte.

A la base hospitalisé pour une triple fracture, il s'est retrouvé malade. Sans faire place à la peur, il a décidé de garder la foi, l'espoir et, il en est certain, c'est ce qui l'a sauvé.

A l'annonce de son diagnostic, il a bien réfléchi et s'est dit qu'il devait guérir et s'en sortir.

Aujourd'hui, il dit avec le sourire et les larmes aux yeux :

— C'est moi qui aie été plus fort que le virus et j'ai jamais eu peur de mourir.

Immédiatement, ses mots me font écho et ses larmes me touchent profondément.

Le médecin présent lors de l'interview rajoute ensuite :

— Ça attaque les défenses immunitaires d'avoir peur. On se recroqueville, on n'ose plus faire, on n'ose plus se battre, mais quand on a un moral d'acier, alors on se bat.

Ce témoignage résonne en moi. C'est mon ressenti, ma vision des choses de maintenant. Je comprends ce petit Monsieur et je me vois en lui ; il me touche. Pourtant, plus jeune, la peur et le stress faisaient partie intégrante de moi. J'en étais prisonnière. Ça faisait partie de moi depuis si longtemps. Nous étions enchaînés l'un à l'autre, alors il m'a fallu casser ces chaînes énormes, afin de gérer au mieux le cancer et les traitements.

Franchement, il était grand temps de le faire. Depuis ma plus jeune enfance, il m'était impossible de m'en défaire.

L'envie de devoir tout contrôler, tout prévoir à l'avance a maintenant laissé place à plus de spontanéité et de légèreté. Ça fait un bien fou de se sentir ainsi libre.

J'ai cherché des solutions pour y parvenir. Oui, car avec tout ce stress, cette pression et l'inconnu qui me faisaient face, je n'avais pas le choix si je ne voulais pas me noyer et perdre pied.

Ça me sert toujours au jour d'aujourd'hui, pour chasser le stress, décompresser d'une longue journée ou bien juste me détendre.

Lorsqu'une situation me pèse, je me pose au calme, je ferme les yeux et respire profondément. Je me concentre sur mon ventre qui se lève, puis redescend tout doucement, sur l'air qui entre et ressort de mon corps. Je me focalise sur le battement de mon cœur que j'essaie de descendre à un rythme plus calme. Je visualise ensuite une image qui m'aide à me détendre : le plus souvent c'est un cheval qui galope sur la plage. Je vois ses empreintes qui restent figées dans le sable humide, sa crinière qui vole au vent. Je ressens presque l'air frais sur mon visage et le sable sous mes pieds. Le mouvement de son corps est si beau que j'en oublie tout le reste. Je fais défiler cette image au ralenti, sous mes yeux, afin d'en profiter pleinement.

Un moment de détente qui m'apaise rapidement et m'aide à chasser l'angoisse.

Vous allez me dire « pourquoi un cheval ? »

C'est très simple : lorsque j'étais enfant, mes parents possédaient quatre chevaux. Nous partions en balade les week-ends, à l'orée des bois ou au bord de mer, mes parents, mon grand frère et moi-même. J'adorais ces instants de complicité, tous ensemble, unis par la même passion

Ma jument s'appelait Poupette. Elle était d'un blanc pur et d'une gentillesse incroyable. Lorsque je l'ai vue pour la première fois, j'ai immédiatement craqué sur elle. Elle était belle et douce. Malheureusement, elle avait connu des misères avec ses anciens propriétaires et se trouvait maintenant dans un refuge. C'était sans compter sur mes parents qui s'apprêtaient à lui offrir une vie agréable et paisible avec ses congénères.

Je me souviens très bien de ces moments familiaux avec nos montures et de cette magnifique sensation d'être en totale osmose avec la nature. Notre oreille est alors plus attentive aux petits oiseaux qui chantent, au bruit du vent qui fait virevolter les feuilles des arbres.

Mes parents nous avaient d'ailleurs permis de vivre une superbe expérience, en organisant un séjour de onze jours. Oui, onze jours, tous les 4, sur nos chevaux, de maisons d'hôtes en refuges, à traverser des chemins arpentés, à s'enfoncer dans des lieux inconnus. Que de bons souvenirs pourtant si lointains, puisque je n'avais que 12 ans. Voilà peut-être une idée de second livre à écrire ?

Voilà pourquoi j'ai choisi cette image pour me détendre. C'est grâce à toute cette bonne remémoration que ça fonctionne. Cela dit, je ne vais pas vous mentir, ça ne marche pas à chaque fois. Il m'arrive de voir un magnifique cheval quelques secondes, avant que l'image ne s'efface, comme une ardoise magique. J'ai beau testé avec d'autres idées, rien ne fonctionne, comme si je n'étais plus maître de mes pensées. Dans ces cas-là, je me concentre au moins sur ma respiration, qui doit être la plus lente et profonde possible.

En fait, je mets à profit ce que j'avais appris adolescente, lors de séances d'hypnose et de sophrologie. Sans succès auparavant, il m'aura fallu un cancer pour y parvenir, ce qui paraît un peu fou.

Voilà pourquoi le témoignage de ce papy très courageux et le discours du médecin me parlent autant. Le stress nous empêche d'avancer et de croire en nous, en nos rêves. Il faut parvenir à s'en détacher.

Chapitre 12
La mammographie de contrôle

Nous sommes le 12 mai 2020 et normalement, j'ai ma mammographie de contrôle à faire. J'ai donc passé une mauvaise nuit avec un gros mal de tête et au réveil, ce dernier était encore plus fort. Il m'arrive d'avoir des migraines. Dans ces cas-là, prendre le volant devient très compliqué.

Aujourd'hui, c'est une heure de route qui m'attend. Je ne me sens pas capable d'y aller et je ne veux pas prendre le risque d'avoir un accident.

C'est avec une énorme déception que j'appelle donc le centre dans lequel je suis suivie et que j'explique ma situation.

La secrétaire comprend tout à fait ma position, mais tient tout de même à m'informer qu'il n'y a plus de place avant plusieurs mois. A cause de la Covid qui a engendré des annulations et des reprogrammations, les six prochains mois sont complets.

Je suis désemparée. C'est un rendez-vous tellement important. Je ne sais plus comment faire. La secrétaire va passer le message à l'oncologue pour qu'elle me rappelle au plus vite.

Moins d'une heure après, elle me contacte :

— Bonjour Mme Lebihain, on m'a informée de votre situation. Vous avez raison de ne pas prendre de risque. Cependant, n'ayant pas de possibilités avant longtemps, vous allez devoir appeler des cabinets près de chez vous, pour cette fois-ci.

— D'accord, je vous remercie de votre compréhension. J'espère qu'il va y avoir des disponibilités près de chez moi.

— Oui, sachant que vous ne pouvez décaler votre mammographie de contrôle que de trois mois maximum. Si vraiment vous ne trouvez pas, rappelez-nous et on verra ce que l'on peut faire. Bon courage, Mme Lebihain, à bientôt.

Antidouleurs et repos rythment ma journée. Le lendemain, j'appelle plusieurs cabinets, mais leur réponse est toujours la même :

— Je suis désolée Madame, mais en raison de la crise sanitaire, les délais sont très longs.

Je commence à regretter l'annulation de mon rendez-vous, mais j'y pense ! Pourquoi ne pas appeler les cabinets du département voisin ?

Pleine d'espoir, je tente avec le premier.

Bingo ! Au vu de ma situation, on me propose un rendez-vous pour le 24 juin 2020.

Je suis soulagée d'avoir pu poser une date rapidement. Je vous avoue que depuis quelques semaines, j'ai l'impression qu'il se passe quelque chose.

Tout comme les mois précédents l'annonce, je ressens des petits « symptômes » étranges. Mes maux de tête qui ont augmenté, la fatigue persistante et d'autres signes qui m'interpellent.

La veille du rendez-vous, l'inquiétude augmente. Je sais par expérience que tout peut basculer en une fraction de seconde !

Avant d'y aller, je parle de ce doute à mon mari qui tente de me rassurer et m'explique que je serai fixée tout à l'heure.

Au fond de moi, un petit « quelque chose » me fait penser que l'on va m'annoncer une récidive. Je le sens !

Le personnel de ce centre est super gentil. Ils me mettent à l'aise, malgré le stress. Puis faut avouer que le port du masque obligatoire en cette situation ne m'aide pas. Eh oui, toujours cette Covid qui traîne.

La mammographie est faite, tout est normal. On passe maintenant à l'échographie. Tout en m'examinant, je réponds au radiologue avec la gorge serrée et le souffle court.

Lorsqu'il m'annonce :

— Parfait, Madame Lebihain, tout est normal !

Je ne sais pas comment vous expliquer mon ressenti qui est ambigu. Soulagée, je reprends la route et rentre auprès de ma famille.

Mes doutes étaient donc faussés ? Est-ce-que cette impression reviendra à chaque examen de contrôle ?

Ayant l'habitude d'être suivie uniquement au centre de cancérologie, une autre question me taraude ! Est-ce-que ce résultat est fiable à 100% ? Je devrais avoir confiance, mais pourtant un léger doute persiste.

Il est vrai aussi que depuis deux ans, j'entends le mot « cancer » partout. Que ce soit dans les films ou les séries, il y a souvent une personne touchée par le cancer, de près ou de loin.

Ce n'est pourtant pas nouveau, je suppose, mais ce mot reflète maintenant quelque chose pour moi et j'y prête sûrement plus d'attention. C'est comme lorsque nous achetons une nouvelle voiture et qu'ensuite, nous voyons la même partout. Je suis sûre que ça vous ait déjà arrivé.

Il y a aussi les célébrités atteintes d'un cancer et elles sont nombreuses. Lorsque leur témoignage passe à la télé, je ressens toujours une peur et une gêne pour mes enfants. Que vont-ils penser ? Que vont-ils comprendre ?

Il est arrivé plusieurs fois que la diffusion se fasse au moment du repas. Changer de chaîne leur paraîtrait étrange, mais ignorer, également. Alors je les rassure en leur expliquant que ce n'est pas le même cancer que moi et que c'est plus grave, voire beaucoup plus grave dans certains cas. Je ressens ce besoin de les protéger, de les rassurer, mais tout en étant sincère, comme depuis le premier jour.

Aujourd'hui, je ressens comme un besoin d'aider les autres, d'être là pour eux. Ça a toujours été dans ma nature, mais c'est devenu encore plus présent qu'auparavant. C'était d'ailleurs le but de mon premier livre : sensibiliser sur le cancer du sein et aider tous ceux qui passent par-là, qu'ils soient malades ou proches d'un malade.

En arrivant à la maison après ce rendez-vous, je suis tout de même heureuse de pouvoir annoncer à mon mari et à mes proches que tout va bien. Que le contrôle s'est révélé normal.

Je vais donc pouvoir poursuivre ma petite vie paisible avec entrain et plaisir.

Chapitre 13
Une découverte effrayante,
le 22/08/2020

Nous avons mis nos enfants en garde tout le week-end, afin de pouvoir nous retrouver un peu en amoureux, chose que l'on n'a pas pris le temps de faire depuis un moment. Ça devrait nous faire un bien fou !

Nous sommes samedi et nous avons prévu d'aller au restaurant ce soir. Après avoir fait les magasins d'ameublement tout l'après-midi, je décide de prendre ma douche avant de repartir pour dîner.

En me déshabillant, ma main passe sur une bosse située près du sein retiré, deux ans plus tôt. Le souffle coupé, je baisse la tête et pose mon regard directement dans cette zone. C'est alors avec frayeur que je découvre une grosseur, sur le flanc, près des côtes.

C'est un retour en arrière, rempli de flash-back et de souvenirs douloureux qui me reviennent en pleine face. Les larmes coulent le long de mes joues pendant que l'inquiétude monte à une vitesse folle. Je file sous la douche et tente de relativiser et de positiver en me disant que ce n'est sûrement rien, peut-être juste une boule de graisse… Néanmoins, au fond de moi, je n'y crois pas. C'est comme si je savais déjà ce qui va suivre de cette découverte.

Je respire, je sèche mes larmes et décide de ne rien dire à mon mari. Alors que je m'habille, il entre dans la salle de bains et me demande :

— Tu es bientôt prête ma chérie ? On va être en retard sinon.

— Oui oui, j'arrive.

Les mots sortent difficilement de ma bouche.

— Ça ne va pas ? Tu es bizarre ?

J'étais partie pour ne pas lui dire, mais surtout pas pour lui cacher des choses, alors je me lance à contre cœur :

— Bof ! J'ai senti quelque chose !

Alors qu'un long silence pesant s'installe, je poursuis :

— Une boule au sein, mais c'est sûrement rien mon chéri, ne t'inquiète pas !

Les yeux brillants et la voix tremblante, il me demande de voir.

Je soulève délicatement mes vêtements et fais apparaître cette anomalie voyante sur mon corps. Il regarde fixement, sans prononcer quoi que ce soit. Puis ses yeux deviennent larmoyants. Alors qu'il évite maintenant de me regarder, je sens comme une détresse, mélangée à de la colère !

Je tente de le rassurer, mais tout en sachant moi-même que nous allons sûrement devoir faire face à l'annonce de cette récidive très rapide.

En l'espace d'une minute, notre soirée en amoureux se transforme en un véritable cauchemar. Nous avons tous les deux l'estomac noué, l'esprit vagabond, les larmes aux yeux…

Nous décidons d'annuler le restaurant et restons assis dans le canapé, à regarder la télévision. Enfin plutôt à regarder dans le vide !

Je pleure dans les bras de mon mari, me sentant fautive de devoir lui faire revivre tout ceci. Puis, lorsque je pense à mes enfants, la culpabilité devient encore plus forte. Je n'ai pourtant aucune raison de m'en vouloir ou de me sentir coupable ! Or, c'est plus fort que moi.

Nous allons ensuite nous coucher, le ventre vide et le cœur serré. Ma nuit fût mouvementée et très courte.

Au réveil, je me sens un peu mieux, enfin surtout moins responsable de ce qu'il arrive. Puis j'essaie de prendre sur moi et de me rassurer comme je le peux. Nous devons récupérer nos enfants chez mes beaux-parents et sommes invités à rester manger. Quoi faire ? Quoi dire ? On hésite ! Faut-il les inquiéter, avant même d'en savoir plus ?

Il est midi lorsque nous arrivons sur place. Je dis bonjour à mes beaux-parents et ma belle-sœur avec mon sourire habituel et embrasse mes enfants qui ne se rendent compte de rien.

Je vois derrière moi, mon mari, regard vide et l'air complètement fermé. Sa maman s'en aperçoit immédiatement et lui demande :

— Ça va Christophe ?

Il lui répond par un simple :

— Hum !

Cela lui met la puce à l'oreille. Son regard posé sur nous deux, elle lance :

— Non, ça ne va pas ! Qu'est-ce qu'il se passe ? C'est grave ?

En portant mon attention sur mes enfants qui dessinent à côté de nous, je la rassure, enfin j'essaie tout en bafouillant :

— Non, ce n'est pas grave ! Du moins pas pour l'instant ! On ne sait pas trop, en fait !

Nous nous éloignons pour discuter entre adultes. Mon mari étant dans l'impossibilité de sortir un mot, je prends la parole et leur explique la situation. Le doute, l'effroi et l'émotion s'installent alors chez nous tous, même si nous tentons de faire bonne figure.

La suite de la journée se déroule normalement, nous discutons de tout et de rien, nous plaisantons même. Je ne mange pas grand-chose, mais je me sens plutôt bien.

Demain matin, j'ai rendez-vous chez mon médecin généraliste pour renouveler mon arrêt de travail. Ça tombe bien, je lui parlerai de cette grosseur, en espérant qu'elle puisse me rassurer, mais j'y crois peu !

Chapitre 14
Visite chez le médecin

Je me lève contrariée, oppressée. J'ai rendez-vous avec le médecin dans deux heures et je me demande comment je vais faire avec mes enfants. Je réfléchis, puis décide d'appeler mes parents pour qu'ils les gardent, juste le temps du rendez-vous. Ne souhaitant pas les inquiéter trop vite, je trouve comme excuse la Covid-19 et le fait que c'est plus prudent pour les enfants de ne pas venir avec moi.

Ma mère, tout à fait d'accord, propose alors de me rejoindre sur le parking pour les garder. C'est très bien, je pourrais ainsi vite rentrer après et tenter de ne rien montrer.

Sur la route, la pression monte, mon corps tremblote. Je me gare, ma mère s'approche, alors je respire un grand coup et affiche un sourire forcé en sortant de ma voiture. Elle me demande si tout va bien. J'aimerais vraiment lui dire la vérité, mais ça reste bloqué. Mon teint pâle, mes yeux gonflés par le manque de sommeil me trahissent, alors je mens une nouvelle fois, prétextant une migraine, ce qui fonctionne assez bien, étant donné que ça m'arrive régulièrement. Puis je rentre dans le bâtiment et patiente en salle d'attente.

La porte s'ouvre, c'est mon tour. Ma respiration est rapide, mes jambes sont faibles. Je suis le docteur, pensive.

— Bonjour Mme Lebihain, on se voit pour l'arrêt de travail, c'est cela ? Comment allez-vous ?

La voix tremblante, je lui explique :

— Bonjour Docteur, heu oui, mais je viens pour autre chose du coup. Samedi, j'ai senti une boule sur le côté où il y a eu l'ablation. C'est une boule dure. J'espère que ce n'est pas une récidive du cancer.

— Mince, vous allez enlever votre haut, je vais regarder calmement, me dit-elle avec un petit sourire réconfortant.

— D'accord.

Elle regarde la grosseur, la touche, la bouge et appuie dessus. Puis elle me dit que je peux me rhabiller. Son silence m'inquiète !

Je lui demande alors :

— Vous pensez que c'est une récidive ?

— Je ne peux pas savoir comme ça, mais ça se pourrait oui. Je vais appeler votre oncologue dans la matinée pour qu'elle vous programme une échographie au plus vite, pour éviter ce stress. Je vous tiens informée dans la journée. Bon courage.

— Je vous remercie. Oui, j'espère que ça sera rapide, parce que là ça m'inquiète vraiment.

Je ressors du cabinet dans le même état qu'en y entrant : stressée, fatiguée, mais ma mère et mes enfants sont là, alors je prends le plus possible sur moi.

Je lui dis merci et au revoir, puis nous rentrons donc à la maison, comme si de rien n'était !

12 h. 30, mon téléphone sonne, je décroche :

— Mme Lebihain, c'est de nouveau le médecin. J'ai vu avec l'oncologue, vous avez rendez-vous demain matin à 8 h. 45 au centre pour passer une échographie. C'est possible pour vous ?

Je voulais que ce soit rapide et bien, ce l'est. C'est rassurant et à la fois inquiétant. Je lui réponds :

— Oui je vais m'arranger, merci beaucoup.

— De rien. On se tient informée. Allez, bon courage, Mme Lebihain.

La peur monte d'un grade. Demain, on m'annoncera sûrement que c'est une récidive. Oui, au fond de moi, j'en suis déjà sûre !

Puis je vais devoir appeler mes parents pour qu'ils gardent les enfants cette nuit et demain. Etant à un peu plus d'une heure du centre, je vais donc devoir partir à 7 h. 30. Comment leur dire sans leur faire peur ? C'est la boule au ventre que je compose leur numéro de téléphone. Ma mère décroche :

— Coucou maman, est-ce que papa est à côté de toi, s'il te plaît ?

— Oui, il est là, je te le passe si tu veux ?

— Non, je préfère que tu mettes le haut-parleur, s'il te plaît.

— D'accord ! C'est bon, on t'écoute ma chérie.

— Ce matin, j'ai expliqué au médecin que j'avais senti une grosseur du côté de mon sein qui a été retiré. Il m'a examinée et m'a rappelée à l'instant. J'ai rendez-vous demain matin de bonne heure, pour une échographie.

— Oh … C'est pas vrai ! C'est bien que tu aies un rendez-vous rapide. Tu veux que l'on garde les enfants ? demande ma mère.

— Si c'est possible pour vous, oui, mais ne vous inquiétez pas, ce n'est sûrement rien. C'est tout petit.

— Oui, tu as raison, il faut attendre demain pour savoir ce que c'est.

Nous terminons la conversation et je prépare les affaires des enfants. Ne voulant pas les inquiéter pour le moment, je leur dis juste que papy et mamie ont proposé de les garder pour dormir. Ils sont super contents et sautent de joie. C'est mieux ainsi.

Chapitre 15
Confrontation avec la réalité

Le réveil est vraiment difficile ce matin. Je me prépare rapidement et prends la route.

Dans ma voiture, au poste, un chanteur qui m'est cher m'accompagne : Slimane. Je l'ai découvert au moment de mon cancer et ses mélodies, ses paroles m'ont tout de suite attirée. J'en suis devenue fan. Je l'écoute très souvent et fredonne ses chansons qui me transportent. Cela m'a beaucoup aidée dans mes moments de doute, de stress. Néanmoins, j'aime aussi l'écouter dans mes moments de joie.

Je roule donc une heure, avant d'arriver au centre de cancérologie. On me fait patienter dans la salle d'attente de radiologie où toute l'angoisse surgit. J'essaie de la dompter, seulement rien n'y fait. Je tente de respirer calmement, mais j'ai la sensation de suffoquer. Je tremble, j'ai mal au ventre. Je suis seule, la salle d'attente est vide et les couloirs sont déserts. Plus les minutes passent, plus je me sens mal !

La radiologue arrive et me demande gentiment de la suivre. Je la reconnais immédiatement. C'est elle-même qui avait découvert et confirmé que le cancer était plus important que prévu initialement, ce qui avait engendré l'ablation du sein ensuite.

Je m'allonge sur le lit, complètement angoissée. Elle me présente deux jeunes hommes, des internes, qui vont procéder à l'échographie.

Mon corps est incontrôlable, je tremble de plus en plus. J'ai le regard figé sur ces trois personnes qui m'entourent, alors qu'elles restent concentrées et bien trop silencieuses.

Les minutes défilent à vitesse grand V et rien ne se passe, alors sans pouvoir l'éviter, des larmes se mettent à couler le long de mes joues.

La radiologue s'approche de moi, appose sa main sur mon épaule et me dit avec empathie :

— Comme vous vous en doutiez, Mme Lebihain, nous allons devoir procéder à une biopsie.

Même si je m'en doutais, leurs réactions et les mots de la radiologue m'horrifient. C'est un véritable séisme qui se déroule en moi. Mon esprit devient fou ! Je pense à mes parents, à mon mari et à mes enfants. Comment vais-je encore pouvoir leur annoncer ça ? C'est trop dur, je m'effondre. Mon visage est trempé, je manque d'air et tous mes membres s'agitent dans tous les sens.

J'ai envie de crier, d'hurler et d'arracher ce masque en papier apposé contre ma bouche !

Un des internes me demande si ça va aller, tout en me caressant le bras. Aucun son ne peut sortir de ma bouche, seul un hochement de tête de haut en bas se fait spontanément. Vous auriez vu son regard ! Si compatissant et tellement touché à la fois.

La radiologue me prépare ensuite pour la biopsie et m'explique tout ce qu'elle fait. Je suis présente, j'entends ce qu'elle me dit, mais je suis ailleurs. Je me sens si mal physiquement et psychologiquement !

Je suis tellement concentrée sur ce mal qui me ronge, que je n'ai pas vu le temps passer quand le prélèvement se termine déjà. Je m'assieds au bord de la table, toujours à bout de souffle et en larmes. Un mal de tête et de petits vertiges commencent à faire leur apparition. On me propose gentiment un verre d'eau, mais je refuse. Je ne peux absolument rien avaler...

La radiologue me demande alors :

— Vous repartez comment, Mme Lebihain ?

— En voiture, dis-je avec peine.

— Ça m'embête de vous voir partir dans cet état. Vous ne pouvez pas prévenir quelqu'un ?

— Non, j'habite trop loin. Ça va aller !

Elle me demande de la suivre jusqu'au secrétariat pour fixer un rendez-vous avec l'oncologue, afin d'avoir les résultats de biopsie. J'ai une semaine à patienter. Sept longues journées où le monde s'arrête, où le stress et l'angoisse remplissent toutes vos pensées.

Elle s'inquiète vraiment pour moi et me repose la question :

— Vous êtes sûre que ça va aller pour rentrer chez vous ?

Toujours pleine de tremblements et de sanglots, il faut que je lui demande :

— Oui, mais j'ai besoin de savoir ! Vous avez vu quoi ? C'est une récidive, c'est ça ?

Avec beaucoup de précautions, elle me répond alors :

— On voit bien quelque chose à l'échographie, oui, mais il faut attendre la biopsie pour être sûr.

— D'accord, mais j'ai besoin de savoir, s'il vous plaît. Ça ira mieux quand je saurai et à votre façon d'être, je sens bien que ce n'est pas bon !

— Vous êtes sûre que ça vous aidera de savoir Madame Lebihain ?

— Oui, je fonctionne comme cela. Je n'aime pas l'inconnu. L'attente est horrible !

— Bon ! Si ça peut vraiment vous aider, c'est vrai qu'à l'image, ça ne me plaît pas trop. Je préfère vous dire de vous préparer à une récidive malheureusement.

— D'accord, je vous remercie Madame.

Je me lève de la chaise et lui dis au revoir. Elle me souhaite bon courage et surtout, de rester dans le centre autant de temps que je le souhaite, avant de prendre la route.

Je sors du service, complètement dévastée, triste et apeurée. Tel un zombie, je me dirige vers l'ascenseur qui me dépose au rez-de-chaussée. Face à moi, se trouvent des banquettes. J'en profite pour m'asseoir. Les forces me manquent, mon esprit est troublé et mes pensées s'agitent dans tous les sens.

Tout en essayant de remettre mes idées en place, je pense à mes parents qui attendent mon appel. Comment vais-je leur dire ? Je prends du temps pour respirer calmement et faire redescendre tout ce stress.

Les mots de la radiologue résonnent dans ma tête : « Préparez-vous à une récidive », mais depuis qu'elle me l'a confirmée, mon corps ne tremble plus et mes larmes ont cessé de ruisseler sur mes joues. Je m'en doutais tellement. C'était déjà une évidence pour moi, même si je gardais une lueur d'espoir. Elle vient de partir en poussière, mais au moins, je suis fixée sur mon sort. C'est étrange, mais je me sens mieux maintenant !

Je m'apprête à partir, lorsque j'aperçois une ambulancière qui m'a transportée à plusieurs reprises. C'est aussi une ancienne camarade de classe. Elle vient me voir et je lui raconte mes malheurs du jours. D'en parler me permet de me délester d'un poids considérable.

Je me décide ensuite à prendre la route et à donner des nouvelles à mes parents. Ce n'est pas sans peine que je leur explique la situation et lorsque j'arrive à la maison, c'est à mon mari que je dois maintenant en parler. Que c'est difficile d'annoncer ce genre de chose aux personnes que l'on aime !

Chapitre 16
Visite chez l'oncologue

Depuis la semaine dernière, je me pose des questions et c'est souvent les mêmes qui reviennent : Est-ce plus grave que la première fois ? Est-ce que j'ai des métastases ?

Il y a une autre interrogation qui me fait froid dans le dos : est-ce que je vais mourir ?

Ah, cette fameuse question sans réponse ! Je ne suis pas la seule à me la poser, mon mari aussi s'interroge. Du coup, nous prenons du temps pour en parler, pour nous dire les choses.

Il faut tout de même continuer à vivre et profiter des bons moments qui se présentent à nous.

D'ailleurs, deux jours avant de voir l'oncologue, le 27 août 2020, je savoure un moment de bonheur intense. Un participant de l'émission Koh-Lanta que nous apprécions particulièrement pour sa force physique et surtout pour sa détermination mentale, vient en séance de dédicace tout près de chez nous. Sans aucune hésitation, nous y allons, déterminés pour avoir notre dédicace. Arrivés sur place, nous nous rendons compte qu'une file d'attente interminable est déjà présente !

Tant pis, nous allons prendre notre mal en patience, mais attendre dehors et debout n'est pas évident. Les forces commencent à me manquer. L'épuisement se fait ressentir, mais je veux rester !

Il nous a quand même fallu trois heures pour pouvoir nous retrouver aux côtés de Claude, le grand aventurier. Franchement, ça en valait la peine !

L'instant est tellement rapide : tout ce temps passé à attendre pour 3 minutes de bonheur. Cependant, quel bonheur !

Bras dessus, bras dessous, on sourit pour une photo souvenir. Mon mari, pourtant timide, me surprend en lui disant :

— On est content de te voir ! Tu n'es pas facile à rencontrer Claude ! On a fait la queue pendant trois heures, alors que ma femme fait une récidive de son cancer.

Il pose alors sa main sur mon épaule, tout en exerçant une légère pression et me dit :

— Bon courage ! Tu vas y arriver !

Ces quelques mots vont résonner plusieurs jours dans ma tête et me donner plein de courage. C'est bête, parce que je ne le connais pas, mais l'ayant suivi sur les écrans de télévision, ça me touche sincèrement.

Aujourd'hui, nous allons voir l'oncologue et avoir les résultats. Heureusement, mon mari a le droit de venir, car avec la Covid-19, le nombre d'accompagnateurs est très limité.

En salle d'attente, il y a du monde. Je comprends tout de suite qu'il y a du retard. Je tente de rester positive sur la suite, car j'ai encore un petit espoir que la biopsie n'ait rien révélé de cancéreux. Même s'il n'est que minime, je le garde en tête.

Après trois quarts d'heure d'attente, c'est à nous ! On suit la spécialiste dans son bureau et on s'assied dans un silence pesant.

D'un ton monotone, elle me demande :

— Alors Mme Lebihain, racontez-moi, qu'est-ce qu'il s'est passé ?

— On s'est vu le mois dernier, tout allait bien, mais depuis j'ai senti une boule.

— Oui, j'ai vu ça, j'ai eu les résultats.

— C'est une récidive alors ? C'est sûr ?

— Malheureusement oui. La tumeur a les mêmes caractéristiques que la première fois. Vous allez voir le chirurgien le 15 octobre pour fixer une date d'opération et ensuite, nous pourrons décider du traitement à suivre.

— Je vais devoir recommencer la chimiothérapie ?

— On en saura plus après l'analyse complète de la tumeur, mais ce n'est pas impossible. Par contre, pour ce qui est de l'Herceptin, c'est prévu, oui.

— D'accord merci. La mammographie et l'échographie que j'ai passées en juin ne montraient rien, mais c'était déjà là ?

— Oui, sûrement !

Mon mari silencieux depuis le début l'interpelle soudainement :

— Et comment ça se fait que le radiologue ne l'ait pas vue alors ?

— Je ne peux pas vous dire, Monsieur. Ça peut arriver des fois malheureusement. C'est pour cela qu'il faut se surveiller également.

C'est vrai qu'il y a une part d'interrogation dans tout cela. Pourquoi ça n'a pas été vu ? Est-ce la faute du radiologue ? Pour une première fois que je la passe à l'extérieur du centre de cancérologie, c'est vrai que ça intrigue, mais c'est sûrement un coup de pas de chance qui me tombe dessus.

Par la suite, je ressens aussi un sentiment d'injustice. C'est vrai quoi ! Pourquoi ce maudit cancer est-il revenu malgré tous les traitements et surtout, malgré ma force et ma positive attitude pendant tout ce parcours !

C'est normal d'accuser le coup, mais il faut ensuite passer à autre chose et avancer en mode guerrière pour combattre de nouveau ce méchant crabe.

Nous repartons du rendez-vous, fixés sur cette récidive, mais toujours positifs.

Chapitre 17
Rendez-vous avec le chirurgien

Le 15 octobre arrive et nous voilà en salle d'attente du chirurgien. J'ai hâte d'en apprendre plus et de savoir à quelle sauce je vais être mangée cette fois-ci.

J'espère sincèrement ne pas devoir repasser par la chimio, mais s'il le faut, je le ferais avec motivation. Celle de gagner ! De vaincre le cancer !

Le spécialiste m'appelle, c'est notre tour. Nous entrons dans son bureau. Le ton est grave.

— Bonjour M^r et Mme Lebihain, bon, comment allez-vous ?

— Ça va, merci. Hâte de vous entendre.

— Malheureusement, j'ai deux mauvaises nouvelles : la première, c'est que je vais devoir vous opérer une nouvelle fois et que vous allez avoir une grande cicatrice.

— D'accord. S'il n'y a pas le choix.

Je lui réponds instantanément, mais en même temps, je m'interroge : qu'entend-t-il par une grande cicatrice ?

— La seconde, c'est que la reconstruction mammaire est annulée.

— Oui bien sûr, j'en ai bien conscience.

Ce ne sont que ça les deux mauvaises nouvelles ? Me voilà soulagée, il m'a fait peur. Je m'attendais à pire, moi !

— Je vais vous ausculter et voir cette tumeur de plus près si vous le voulez bien ?

— Oui, pas de soucis.

Il regarde, observe, touche la grosseur.

— Vous pouvez vous rhabiller, me dit-il ensuite.

Je retourne à son bureau et reprends ma place près de mon mari. Il continue de nous expliquer l'intervention, tout en nous faisant un petit schéma :

— Je vais retirer la tumeur et procéder à un lambeau de recouvrement en trois L. Vous allez devoir vous habituer à une grande cicatrice, mais pour avoir la marge saine, je n'ai pas le choix. Il vous faudra faire des séances de kiné, afin de récupérer entièrement votre mobilité.

— D'accord, mais la cicatrice sera vraiment grande ?

— Oui, mais vous vous y habituerez. Puis vous pourrez toujours faire un tatouage par-dessus par la suite, me dit-il avec un sourire compatissant.

Il reprend ensuite :

— Nous allons vous donner un rendez-vous pour un tep scan. C'est un examen important qui nous permettra de savoir si le cancer est localisé au sein ou s'il s'est étendu à d'autres parties du corps.

— Oui, l'oncologue nous en avait parlé. Vous en pensez quoi ? Il y a des chances qu'il ne soit resté qu'au sein ?

— Je vous le souhaite sincèrement ! On va croiser les doigts.

Après avoir écrit quelques informations sur son document, il nous regarde et nous explique :

— Je reviens sur la reconstruction. Du coup, vous avez compris qu'elle est annulée, mais cela pour plusieurs années. Il va falloir attendre de voir la suite, mais généralement, on attend environ 2 ans après une récidive.

— Ah oui ! Je ne pensais pas si longtemps. Ce n'est pas grave, le principal c'est de guérir !

— Oui, vous avez raison ! Il faut aussi savoir que la reconstruction ne pourra plus se faire par lipomodelage. J'en suis désolé.

— Je serais obligée de mettre une prothèse du coup ?

— Oui, nous en reparlerons en temps et en heure, mais ce qui est sûr, c'est qu'il faudra oublier le lipomodelage. Nous ne faisons pas d'injection avec une récidive.

Un regard complice entre mon mari et moi-même s'installe. Ça m'embête sincèrement pour lui. Il va devoir encore patienter, avant de retrouver sa femme avec un corps 100% féminin, son épouse avec deux seins, une belle poitrine, alors que lui ne souhaite juste que je guérisse pour le moment.

— Et du coup, est ce que je vais devoir reprendre la chimio ? lui demandé-je ensuite.

— Alors, vous allez avoir prochainement un rendez-vous avec l'oncologue. C'est lui qui vous informera, mais pour l'instant, nous ne sommes pas sûr du protocole.

Le rendez-vous se termine ainsi, avec plusieurs interrogations qui persistent et des annonces décevantes.

Quelques jours plus tard, je passe le tep scan et apprends que le cancer est localisé au sein. Pas de métastase ! Quel soulagement !

Chapitre 18
L'opération

Le grand jour est arrivé. Je me prépare en silence, plongée dans mes pensées. Une migraine est en train de s'installer à mon plus grand désarroi, ce qui n'est vraiment pas le jour !

Il est six heures, lorsque l'ambulancière arrive. Le manque de sommeil et le mal de tête ne me donnent pas très envie de parler.

D'ailleurs, au bout de dix minutes de trajet, je m'endors déjà. Malgré des réveils intempestifs, je ne discute pas. Heureusement qu'il y a la musique pour y parer.

Il faut se l'avouer, je n'ai pas très envie de repasser à la casserole et par la même occasion, pas trop envie de parler.

Arrivée sur place, tout va très vite : un infirmier très agréable m'installe dans la chambre, prend mes constantes et me donne la tenue à enfiler.

— Comment vous sentez-vous, Mme Lebihain ?

— Ça va merci.

— D'accord. Avez-vous des douleurs ? Perte d'odorat ou de goût ?

Il me pose ces questions, car la Covid est toujours d'actualité.

— Oui, j'ai juste mal à la tête, mais je suis migraineuse, donc ça m'arrive régulièrement.

— D'accord, vous avez pris un médicament ?

— Non, j'attendais de voir si c'est possible justement ?

— Oui, bien sûr. Vous voulez que je vous en apporte un ?

— Non, j'en ai un, merci.

— Très bien, je vais le noter dans votre dossier. Je vous laisse enfiler votre blouse, le brancardier va venir vous chercher.

— Oui, merci.

Je prends mon médicament et me prépare. Enfiler cette tenue me rend fébrile, mais je n'ai pas vraiment le temps d'y penser, que l'on vient déjà me chercher. Ce n'est pas plus mal !

Nous y allons en marchant, puisque c'est le protocole de cet hôpital et c'est très bien ainsi.

Nous discutons de la pluie et du beau temps, puis arrivons dans la salle d'attente. Une infirmière m'y rejoint, me pose quelques questions d'usage, puis m'accompagne en salle d'opération.

Nous y voilà ! Allongée sur le brancard, une infirmière me pose le cathéter, pendant qu'une autre installe le matériel. On me glisse des cales à gauche pour que je sois légèrement couchée sur le côté.

Masque chirurgical toujours sur le visage, ma respiration se fait de plus en plus rapide. Je connais trop bien cette sensation, cette émotion qui me submerge, lorsque je passe sur le billard.

On traverse ces dernières minutes, avant le grand sommeil, à se demander si tout se passera bien, si nous pourrons revoir nos proches... Elles sont anxiogènes et me rendent vulnérable. Des larmes discrètes coulent alors sur mes joues. Enfin, discrètes, c'est ce que je pensais jusqu'à ce qu'une infirmière s'approche et se positionne au-dessus de moi :

— Allez, ça va aller, Mme Lebihain. On y est presque, tout va bien se passer.

Je lui réponds juste par un sourire nerveux, caché sous mon masque. Le chirurgien entre et tout comme pour la fois de l'ablation, il me fait part de son soutien, en posant sa main sur mon épaule. Un geste que j'apprécie en ce moment difficile.

L'infirmière retire alors mon masque chirurgical et positionne le masque d'anesthésie.

Panique à bord ! Je déteste les sensations que ça procure !

— Respirez profondément Mme Lebihain, tout va bien. On vous injecte le produit qui va vous endormir, ça peut faire bizarre.

— Je ne me sens pas bien ! dis-je difficilement, gênée par le masque.

— D'accord. On va passer le produit doucement. Respirez calmement, c'est important.

Je n'apprécie pas du tout cet instant durant lequel tout se dérobe sous mon corps ou du moins, cette sensation qui me traverse. Je ne sens plus mes jambes, j'ai la tête qui tourne, j'ai des difficultés à respirer… Et puis, le trou noir !

Je reprends mes esprits par la suite. Je suis en salle de réveil et tout s'est bien passé. C'est déjà un soulagement. Par contre, mes yeux sont lourds et le mal de tête toujours présent. Ce qui m'étonne d'ailleurs, car j'espérais qu'avec l'anesthésie, il serait parti.

Mon retour en chambre ne tarde pas à se faire. Un petit déjeuner, un petit pipi et hop, on m'annonce que je peux rentrer chez moi. Pour l'instant, je n'ai pas trop de douleurs, c'est parfait.

Une heure et demie plus tard, me voilà à la maison. Je m'installe dans le canapé et profite du calme qui règne pour faire une petite sieste. Cependant, lorsque je veux me relever quelques temps plus tard, les douleurs au dos et aux côtes sont puissantes. J'alterne les antidouleurs, mais elles persistent.

La 1re nuit est horrible ! Insomnie, douleurs, la peur que mon mari me donne un mauvais coup… Demain, il faudra que je mette la main sur mon ancien coussin d'allaitement. Je pourrais ainsi mieux m'installer. Enfin, je l'espère…

Effectivement, vite retrouvé, il m'aide la journée, ainsi que la nuit à me positionner sur le côté, car je n'arrive pas à appuyer mon dos sur le dossier de la chaise ou du canapé. Je me dis que c'est sûrement lié à la position durant l'opération, car la tumeur retirée était sur le côté, pas sur l'arrière.

L'infirmier passe tous les deux jours pour changer le pansement. La première fois, j'ai été surprise par la forme et la longueur de la cicatrice, alors j'ai juste jeté un coup d'œil rapide. Ça m'a presque donné la nausée, c'est pour vous dire !

Par la suite, je m'y suis habituée. Au bout d'une semaine, j'ai demandé à l'infirmier jusqu'où arrive ma cicatrice. En effet, je vois le devant et un peu le côté, mais je sens bien qu'il nettoie aussi vers l'arrière. C'est là que j'ai compris pourquoi j'ai du mal à m'appuyer.

Chapitre 19
Annonce du protocole

Aujourd'hui, je vais enfin savoir à quelle sauce je vais être mangée cette fois-ci !

Il y a 3 ans, à l'annonce du cancer, une première oncologue me suivait. Elle était très à l'écoute et répondait franchement à mes questions, ce que j'appréciais. Puis elle m'avait annoncé son départ dans un autre hôpital.

Surprise, j'appréhendais un peu sur son successeur. Finalement, c'était encore une femme, très gentille et à l'écoute également.

Je l'avais rencontrée la première fois pour mon contrôle annuel. Puis la seconde, après avoir découvert une nouvelle grosseur qui avait conduit à faire une biopsie. C'est là qu'elle m'avait également annoncé son départ pour cause de maternité.

Ce jour, j'ai donc rendez-vous avec le nouvel oncologue qui va s'occuper de mon cas. C'est un homme cette fois-ci, il se présente ainsi :

— Bonjour Mme Lebihain, j'ai repris votre dossier, c'est moi qui vais vous suivre maintenant. Je vous rassure, je ne partirai pas en congé maternité ! *(Rire)*

— Bonjour Monsieur, bon tant mieux, lui répondis-je avec le sourire. Vous êtes mon 3e oncologue, alors j'aimerais bien ne plus changer.

— Oui, justement, c'est pour cela que c'est moi qui vous suis maintenant. D'ailleurs, nous nous sommes concertés avec d'autres oncologues pour définir votre protocole, je vais vous expliquer.

— Oui, d'accord.

La pression monte. J'ai hâte de savoir ce qu'ils ont décidé et en même temps, j'appréhende.

— Pour faire simple, vous devez reprendre la chimiothérapie et l'Herceptin. Pour cela, il y a 2 solutions : la 1re, vous reprenez les mêmes traitements qu'il y a 3 ans, sachant que votre corps les connaît déjà et que le risque que ça ne fonctionne pas bien cette fois-ci est possible. La 2ᵉ, vous partez sur un tout nouveau protocole, mais nous n'avons pas beaucoup de recul dessus. Nous ne connaissons pas encore le pourcentage de réussite. Qu'en pensez-vous ?

— Donc je vais reprendre la chimio ! Je m'en doutais, même si j'espérais pouvoir y échapper ! Pour le protocole, je ne sais pas trop, qu'est-ce qui est le mieux ?

— On manque de recul pour le nouveau protocole. Nous pensons donc qu'il est préférable de partir sur le même.

— Ok, donc je n'ai plus de cheveu pour Noël alors !

Au moment même où je dis ces mots, les larmes se mettent à couler le long de mes joues. Impossible de contenir mes émotions. Un flash-back se met en place dans ma tête : vous savez ce moment si cruel où les cheveux tombent de peur !

— Oui, j'en suis désolé pour vous.

— Ce n'est pas de votre faute, mais de les perdre une seconde fois, ça va être dur.

— Bien sûr, je vous comprends.

Au même moment, son téléphone sonne ; il s'excuse et décroche. J'en profite pour reprendre mes esprits tranquillement.

La communication s'arrête nette. Il me fixe et lance :

— Bon, Mme Lebihain, j'attendais justement ce coup de fil qui vous concerne. Nous venons d'avoir confirmation qu'une 3e proposition s'offre à vous. Ça serait de partir sur un ancien protocole que l'on utilisait beaucoup, il y a quelques années. L'avantage est que nous sommes sûrs de son efficacité. Par contre, le traitement est fort.

Un silence s'installe, puis je lui réponds avec espoir :

— Et je perdrais aussi mes cheveux ?

— Alors ce n'est pas pareil. Vous en perdrez oui, mais ça va plutôt se parsemer. Ça sera moins franc qu'avec votre premier traitement.

— D'accord. Si vous êtes sûr que ce traitement fonctionne, c'est le principal. Le but est de guérir, donc je vous suis.

— C'est le bon choix, Mme Lebihain. C'est un traitement qui fonctionne très bien. Je mets tout en place et vous ferez votre première cure le 03 novembre.

Quelques instants plus tard, il me donne l'ordonnance avec tous les médicaments à acheter, ainsi qu'une feuille explicative sur les effets secondaires possibles. C'est sûr, ça ne fait pas rêver, mais comme on dit : il faut ce qu'il faut !

Chapitre 20
Petite surprise !

Les soins infirmiers sur la cicatrice se poursuivent. Elle devient de plus en plus belle et sèche.

Aujourd'hui, le 15 octobre, je vois le chirurgien pour un petit contrôle, après opération qui confirme que tout est normal. Il coupe donc les 4 nœuds des fils : un à chaque extrémité et les deux du milieu. Des croûtes se détachent en même temps et la plaie se met à saigner légèrement. Rien de méchant, il me met un pansement que je devrais retirer le lendemain matin.

Malgré tout, en voulant le décoller l'heure venue, je sens sa forte adhérence. Pour ne pas arracher les nouvelles croûtes, je décide de continuer sous la douche, en prenant soin de bien le mouiller. Malgré mes précautions, elles s'enlèvent tout de même. Il n'y a pas de sang, mais ça creuse un peu.

Deux jours plus tard, l'infirmier passe à la maison pour le refaire. Je profite de cette visite pour lui montrer ce qu'il s'est produit en retirant le pansement.

Il regarde et me dit qu'il va mettre un peu de crème pour cicatriser plus vite.

La cicatrice me démange énormément depuis plusieurs jours. J'espère que ça va atténuer rapidement cet effet.

Une semaine plus tard, je découvre un trou au beau milieu de la cicatrice. Il n'est pas gros, mais profond. Inquiète, je file à la pharmacie pour demander un avis. La personne présente prend le temps de regarder et me dit :

— Ça n'a pas l'air bien méchant, mais si lundi c'est pareil, il faudra appeler le centre qui vous suit, par précaution.

La pression redescend. Je profite donc tranquillement de mon petit samedi en famille, mais le lendemain matin, je suis de nouveau très surprise en découvrant un second trou, plus gros cette fois.

Le lundi 26 octobre au matin, j'appelle le centre qui me propose un rendez-vous l'après-midi même. J'espère ne pas avoir besoin de nouveaux points.

L'infirmière me reçoit donc et examine cette cicatrice qui n'en fait qu'à sa tête. Elle me badigeonne de Bétadine et pose des strips un peu partout. Il n'y aura donc pas besoin de points, mais elle m'annonce que les deux trous vont avoir du mal à se refermer pendant la chimiothérapie. En effet, ce traitement retarde souvent la cicatrisation.

Il va falloir des soins à domicile, tous les jours, jusqu'à ce qu'elle soit bien refermée. C'est frustrant !

C'est un pas en arrière, mais ce n'est pas grave, j'avance tout de même sur le chemin de la guérison. Restons positive.

Il faut quand même avouer que ça devient vite contraignant de devoir attendre l'infirmier chaque jour. Ça devient de plus en plus pesant, surtout que la cicatrisation a effectivement beaucoup de mal à se faire.

Chapitre 21
1re chimio

Le jour de la première chimio est arrivé. J'ai passé une bonne nuit, mais au réveil, je sens de l'angoisse monter toute seule en moi. Je me prépare et le taxi arrive. Sous le fait du stress mélangé à la fatigue, mes yeux se ferment sans cesse. C'est bien l'une des premières fois que je ne discute pas avec les ambulanciers pendant un trajet.

Une heure plus tard, nous voilà arrivés sur place. J'attends pour faire l'entrée administrative, puis j'attends de nouveau pour voir le médecin.

Il m'ausculte et me demande comment je vais. C'est avec la voix toute tremblante et la gorge serrée que je lui réponds :

— Ça va, mais j'appréhende. Je suis déjà passée par là il n'y a pas longtemps, alors ça me stresse.

— Oui, bien sûr, c'est normal. Je vous comprends. Je peux vous donner un médicament pour l'anxiété si vous le souhaitez ?

— Non merci. Une fois en chambre et branchée, ça ira mieux. Merci.

Je lui dis cela sans grande conviction, car je me pose plein de questions.

La discussion terminée, le traitement validé, je me dirige au 1er étage, où l'on me donne mon numéro de chambre.

Je frappe, je rentre et aperçois une femme sur l'autre lit.

Elle engage immédiatement la conversation :

— Bonjour, nous allons avoir notre traitement ensemble. Nous avons de la chance avec cette vue magnifique sur le parc.

— Bonjour. Oui, effectivement, ce tapis de feuilles orange est très beau.

En effet, le centre de cancérologie est arboré, bien aménagé et entretenu. C'est une véritable chance, comparé à ceux qui offrent une triste vue sur les parkings.

Je m'installe ensuite confortablement, car je sais que la journée va être longue. Je redresse la tête de lit, positionne bien ma table et y dépose mes petites affaires. La dame me dit alors :

— On a toutes nos petites habitudes à force de venir ici.

— Oui c'est vrai…

— Vous êtes au début de la chimio peut-être ?

Voilà, je me doutais bien que l'on en serait arrivé à cette question délicate.

— Oui, c'est la première aujourd'hui, mais j'en ai déjà eu il y a quelques temps.

Je fais exprès de rester évasive, car je me doute bien que ça peut être stressant pour les malades de voir une jeune femme ayant déjà une récidive.

129

Quelques minutes plus tard, elle relance la conversation, sans doute par besoin.

Elle m'apprend donc qu'elle a, elle aussi, un cancer du sein et qu'elle a déjà fait plus de la moitié de sa chimiothérapie.

Elle porte une perruque et j'avoue que je suis assez stupéfaite du résultat. Je ne m'en serais jamais doutée.

Au premier cancer, je n'ai porté que des bonnets et turbans. Une sorte de gêne m'empêchait de me tourner vers la perruque. La peur de me déguiser, transformer. Peur aussi que ça se voit et que ce ne soit pas jolie. La preuve qu'il en existe de remarquable ! Ça me fait réfléchir !

Notre conversation m'a permis de ne pas voir l'heure passer. Une infirmière entre dans la chambre et se présente à moi. Elle m'explique :

— Nous allons commencer par l'Herceptin et vu que vous ne le tolériez pas très bien, nous allons vous surveiller durant quatre heures, avec prise de tension et suivi du rythme cardiaque, toutes les demi-heures. Ensuite, nous pourrons commencer la chimiothérapie. Du coup, vous allez devoir passer toute la journée avec nous.

Abasourdie et un peu déçue, je lui réponds :

— D'accord, pas de soucis, je comprends.

Elle installe donc la perfusion, puis commence à faire passer le produit. Elle me prévient que je dois sonner tout de suite, si je ressens la moindre chose anormale.

J'avoue que ça me met une petite dose de stress supplémentaire, mais ma voisine de chambre, avec toute sa bienveillance, relance la conversation. Nous arrivons donc sur mon parcours et la récidive. Surprise, elle me questionne :

— Malgré l'ablation, c'est revenu ? Mais vous êtes si jeune ! Comment vous l'avez découvert ? Vous aviez fait des rayons ?

Je comprends tout à fait sa réaction. Moi-même, pendant mes traitements de chimiothérapie, j'avais partagé ma chambre avec une dame qui était en pleine récidive et qui avait du mal à l'accepter. Ça m'avait un peu mis le cafard, car ça m'avait rappelé que ça peut malheureusement arriver. On a tendance à ne pas y penser, pour se préserver et se protéger.

Là, évidemment, ma voisine qui arrive au bout de ses traitements et qui discute avec une patiente faisant une récidive un an et demi plus tard, est intriguée et inquiète. Alors je m'empresse de la rassurer :

— J'avais un cancer agressif, de grade 3, je savais qu'il y avait un risque dans les trois premières années. Heureusement, nous n'avons pas toutes le même cancer, ni les mêmes risques.

Elle me remercie pour ces mots rassurants et me dit que je suis très courageuse. On me le dit souvent, mais moi, je ne trouve pas. En fait, on n'a pas vraiment le choix. Pour moi, soit on avance et on se bat la tête haute, quitte même à rire au nez du cancer, soit on baisse les bras ou on avance sans grande conviction, sans l'envie réelle de se battre. C'est se mettre des bâtons dans les roues, ce que je refuse !

Je veux mettre toutes les chances de mon côté pour être débarrassée une bonne fois pour toutes de ce satané crabe.

La 1re séance de chimiothérapie se déroule bien. La fatigue et un mal de tête sont présents à cause de toute cette journée passée ici.

L'ambulancier me ramène enfin à la maison. Je dors tout le long du trajet. Arrivée à la maison, je me sens épuisée et nauséeuse. Je lance un rapide bonjour à mon mari et mes enfants, puis je file m'asseoir dans le canapé.

Je n'ai pas faim ! Je me force juste à avaler mes médicaments, puis je me glisse dans mon lit une heure plus tard, pour m'endormir immédiatement.

Chapitre 22
Perte de cheveux fulgurante !

L'angoisse de perdre mes cheveux me poursuit dès que je passe mes mains dedans, lorsque je les brosse. Cette même peur qui ne me quitte pas !

L'oncologue m'a pourtant dit que cette fois-ci, je ne devrais pas les perdre complètement, comme ça été le cas en 2018. Il m'avait dit :

— Ils vont plutôt se parsemer. Ça va être moins prononcé avec ce traitement.

Ça m'a bien rassurée d'entendre ces mots, mais mon crâne me gratte énormément et des trous se forment de plus en plus. Ils ne sont pas visibles, puisque les cheveux permettent de les dissimuler. Mais moi, je le sais ! Je le vois et je le sens !

Ça me déprime de voir mon crâne se parsemer ainsi et c'est de pire en pire. Par chance, seule moi le vois pour le moment, mais ça reste une période difficile à passer.

Les jours passent avec cette désagréable sensation sur la tête. Cette douleur reste du matin jusqu'au soir. Vous savez celle que l'on ressent lorsque l'on garde un chignon bien serré durant de longues heures ?!

On rêve de tout retirer et lorsque ce moment arrive, ça nous tiraille le cuir chevelu.

Rien ne me soulage, hormis les laver. Néanmoins, j'essaie d'espacer les shampoings pour ne pas les agresser et les fragiliser encore plus.

Aujourd'hui, il est d'ailleurs temps de le faire. Je file sous la douche, mouille mon corps et frotte très délicatement mes cheveux avec le produit. Je perçois quelque chose d'étrange sous mes doigts, qui me glace immédiatement le sang. C'est lisse et froid !

Je regarde alors mes mains et les découvre remplies de cheveux entrelacés autour de mes doigts !

Je ne peux empêcher un cri d'horreur de sortir de ma bouche ! J'en ai partout, absolument partout. Les cheveux sont collés sur toutes les parties de mon corps. J'ai beau passer de l'eau, ils restent là, fixés à moi.

Ça me dégoute, ça me déchire le cœur. Tous ces cheveux sur moi viennent de mon crâne, alors dans quel état est-il maintenant ? Est-ce qu'il m'en reste un petit peu ?

Mon regard se pose ensuite sur le bac de douche et mes pieds. Quelle horreur ! On dirait qu'une perruque s'est éclatée par terre. L'eau ne s'écoule plus et la touffe qui stagne à la surface, bouge.

Heureusement que j'avais mis un récupérateur avant, sans cela, les tuyaux seraient complètement bouchés.

Je me rince une multitude de fois pour retirer tous les petits cheveux collés à ma peau. Avec tristesse, je récupère toute la touffe qui se trouve au fond du bac. J'ai le cœur brisé ! Je pleure ! C'est très déstabilisant comme situation. Je ne la souhaite à personne… Vraiment !

Mon mari frappe à la porte, trouvant le temps long. Il me demande alors :

— Ça va ma chérie ? Tu as bientôt terminé ?

Je lui réponds sèchement :

— Oui, bah attends ! J'arrive bientôt !

— Tu as un souci ? me demande-t-il gentiment.

— Non, non, ça va ! Je vais bientôt ouvrir.

Je ne suis pas très agréable, mais je m'imagine déjà redire à mes enfants que j'ai perdu mes cheveux, pour la seconde fois et qu'ils vont devoir accepter que leurs amis me voient ainsi.

Je finis par sortir de ma douche, avec plein de petits cheveux encore collés qui finissent de partir en m'essuyant.

J'ai peur de me regarder dans le miroir, mais il le faut. Je respire un grand coup et lève la tête. Une pluie de larmes s'abat sur mes joues et inonde mon cœur.

Plus un cheveu sur les côtés ! Plus un cheveu sur l'arrière ! Il me reste uniquement quelques mèches sur le devant et le dessus !

Quelle horreur ! C'est tellement moche !

C'est pourtant la deuxième fois que je vis cela, mais là franchement, le choc est aussi violent que la première et la peine est d'autant plus forte.

J'enfile vite un de mes bonnets et ouvre enfin la porte. Personne ne fait attention, car depuis quelques jours, j'en porte un le soir pour éviter de semer mes cheveux un peu partout dans la maison.

A contre-cœur, je me lance :

— J'ai perdu beaucoup de cheveux sous la douche, alors je vais porter mon bonnet tout le temps maintenant.

— D'accord, me répond ma fille, sans vraiment montrer de réaction.

— Il t'en reste ? demande mon fils plus surpris.

Je regarde mon mari et mes enfants avec tendresse et tristesse à la fois :

— Non, que quelques mèches. Ils sont quasiment tous tombés.

Je vois leur déception dans leur regard, à tous les trois, mais je sais que l'on passera au-dessus de tout cela. Nous allons nous y habituer !

Dès le lendemain matin, je contacte un salon de coiffure près de chez moi, qui vend des prothèses capillaires.

Je prends rendez-vous, mais il va me falloir patienter une semaine.

Depuis que j'ai perdu mes cheveux, ma fille me fait part de son désir que je porte une perruque. Étant très ouverte sur ce sujet, j'en discute avec elle, qui m'explique qu'elle ne souhaite pas que ses amis me voient sans cheveu ou avec un bonnet.

Elle ne veut pas en parler à l'école. Je le conçois et c'est surtout d'ailleurs pour elle que je vais me renseigner pour une perruque, car à la base, ça ne me tente pas.

Ma première surprise lors de ce rendez-vous est d'apprendre que la sécurité sociale rembourse entièrement certaines perruques. Ce ne sont pas de vrais cheveux, mais ça ne me dérange pas.

Ma deuxième surprise est de constater la qualité des prothèses. Nous pouvons effectivement passer inaperçue avec elles sur la tête.

J'avoue que j'ai tout de même du mal à me voir avec ça sur la tête. Ce n'est pas moi, même si je suis bluffée par le résultat. Je me laisse donc tenter par l'une d'elle, qui se rapproche le plus de ma couleur et forme de cheveux naturels.

Je pourrais la porter à l'extérieur et puis mettre mes bonnets pour la maison.

Même l'attitude de la coiffeuse m'a agréablement surprise. Une personne attentionnée, à l'écoute et avec beaucoup d'empathie.

Voilà, je repars du rendez-vous très satisfaite, malgré mes appréhensions de départ. Je conseille d'ailleurs de ne pas s'arrêter aux premières impressions et de se rendre dans une boutique, afin d'être sûre de son choix.

Chapitre 23
Les chimiothérapies suivantes

La première chimiothérapie s'étant plutôt bien passée, hormis des nausées et une grosse fatigue, je pars faire la deuxième confiante.

Je ne rencontre aucun souci, mais sur la route du retour, je sens déjà la fatigue s'abattre sur moi. Arrivée à la maison, je lutte jusqu'au coucher de mes enfants, avant d'en faire de même, complètement exténuée.

L'épuisement me tient pendant quatre jours, avec des douleurs violentes aux articulations et de gros frissons, heureusement sans fièvre.

Le 07 décembre, l'infirmier qui continue de venir tous les deux jours faire mes soins m'annonce enfin que la cicatrisation se termine.

Il m'aura tout de même fallu trois mois et demi pour ne plus avoir besoin du passage de l'infirmier. Par contre, une cicatrice encore plus marquée qu'avant est apparente.

Heureusement qu'elle est cachée avec mes sous-vêtements.

Alors que j'ai bien récupéré par la suite, il est déjà temps de faire ma troisième cure. La motivation est en baisse, mais de savoir que j'arrive à la moitié m'aide tout de même.

Je vois d'abord un oncologue qui m'explique que mes symptômes sont liés à plusieurs facteurs : bien sûr à la chimiothérapie et l'Herceptin, mais aussi à une injection que je reçois 24 heures après chaque chimiothérapie pour booster les défenses immunitaires. Les effets sont alors cumulés et donc accentués.

De plus, il m'indique que mes résultats de prise de sang montrent une très forte anémie. Je vais donc recevoir une perfusion de fer, avant de rentrer à la maison.

Je vais en chambre et discute avec une personne en plein traitement. J'aime ces moments de partage entre malades. La plupart du temps, nous nous motivons et surtout, nous nous comprenons.

Oui, qui est le mieux placé pour comprendre vraiment ce par quoi l'on passe et ce que ça implique concrètement dans notre quotidien ? Les personnes qui traversent la même chose, bien sûr ! Nos discussions, échanges et moments de complicité sont donc importants pour nous.

Comme à chaque cure, l'infirmière m'apporte les gants et chaussons congelés. Ah ça, ce n'est pas une partie de plaisir, mais il paraît que ça atténue l'effet des traitements sur les ongles. Les miens se fragilisent et cassent de plus en plus. Alors pour éviter de les perdre, je prends sur moi et les enfile. Le froid intense commence par me donner la sensation d'avoir mes extrémités dans un four, puis cette chaleur se transforme et finit par me les congeler. Je résiste le plus longtemps possible.

Pendant ce temps, mes traitements passent doucement dans mes veines. C'est un poison nécessaire, mais tellement destructeur. J'espère sincèrement qu'un jour la science progressera et trouvera une solution moins toxique pour soigner les cancers.

Je finis par la poche de fer qui devrait me redonner des forces, puis je rentre à la maison.

Les heures et jours suivants se déroulent exactement de la même manière qu'après les précédentes cures. Fatigue et douleurs rythment mes journées.

Ça recommence après la quatrième cure, sauf que je récupère de moins en moins bien entre chaque traitement. Je mets plus de temps à me remettre et la fatigue persiste.

J'arrive pour ma cinquième cure, lorsque l'oncologue m'annonce que ma prise de sang montre de nouveau une grosse anémie. Je vais donc recevoir une poche de fer en bonus. J'ai vraiment hâte d'arriver au bout de ces traitements qui m'épuisent tellement !

Le 23 février est une date qui restera gravée longtemps dans ma mémoire, comme beaucoup d'autres.

La sixième et dernière cure est enfin arrivée ! C'est un énorme soulagement ! Ma prise de sang est très limite cette fois-ci, mais je devrais mieux récupérer avec la fin de ces traitements.

Bien sûr, je dois encore poursuivre l'Herceptin pendant huit mois, mais sans la chimiothérapie, tout va changer : moins de douleurs, plus de fatigue, etc. Je continue cependant de voir le cardiologue et l'oncologue tous les trois mois, mais je vais retrouver une vie un peu plus « normale ».

Chapitre 24
Avril 2021 : sortir sans bonnet

Mes cheveux repoussent ! Mon crâne a enfin revêtu une couleur sombre.

Jusqu'à peu, il était blanc et lisse. Je portais alors sur moi les effets visibles des traitements, complétés par la perte de tous les cils et sourcils. Il faut se l'avouer, ce n'est pas forcément facile tous les jours, mais on s'y habitue, comme tout le reste.

Bonnet ou perruque sur la tête pour cacher la misère et surtout, pour être au chaud, car sans un cheveu sur le caillou, le froid et le vent sont très désagréables.

Je badigeonne régulièrement mon petit duvet d'huile de ricin et d'amande douce, comme en 2018. Il paraît que ça aide à la repousse et que ça fortifie les petits cheveux. Alors je n'hésite pas !

Pour le moment, je porte toujours un bonnet, que ce soit à l'extérieur ou à la maison. Mon mari et mes enfants, entre autres, ne sont pas prêts à me voir sans. Pourtant, moi je le suis, mais je les comprends et les respecte.

Ce soir, nous en discutons à table et un fou rire général éclate, malgré le sujet quelque peu difficile. Je vous raconte ?

— Les enfants, vous savez, je vais bientôt vous emmener à l'école sans bonnet sur la tête ?

— Non, non, lance alors ma fille de 9 ans avec un sourire gêné.

— Ah bon pourquoi ? Je suis moche comme ça ?

— Pas du tout, mais ça fait drôle !

— Si, c'est moche, sans rien ! reprend mon fils de 6 ans, avec franchise.

Je ne peux pas leur en tenir rigueur. Ce n'est pas normal de voir sa maman comme ça. Surtout que c'est la deuxième fois. Pour eux, une femme a des cheveux, plus ou moins longs, mais certainement pas rasés.

— Je sais bien que je suis moins belle comme ça, mais je ne peux pas continuer à porter mon bonnet longtemps. Mes petits cheveux sont enfermés là-dessous, ce n'est pas agréable.

— Maman ne va pas avoir le choix, les enfants, on va s'y habituer, dit mon mari en me souriant.

— Mais oui, comme la dernière fois, dis-je.

— Par contre, pense à mettre des boucles d'oreilles à chaque fois quand même, dit-il gêné, sinon ça fait un peu garçon. Désolé de te dire ça !

— Oui, oui, bien sûr. Imaginez les enfants, je vais chercher du pain : "Bonjour Monsieur, que désirez-vous ?", "Ah non, moi c'est Madame !".

Voilà, fou rire pour tout le monde. Annabelle et Nathan ont refait la scène, je ne sais combien de fois ! Impeccable pour dédramatiser la scène et finir sur une bonne note.

Les beaux jours arrivent. Je vais donc chercher les enfants à l'école avec une casquette. Ainsi, je suis à l'aise et eux n'ont pas de compte à rendre à leurs amis. Tout le monde est satisfait de cette façon et vous savez quoi ? Une scène similaire s'est réellement produite quelques jours plus tard !

Alors que je patiente dans la salle d'attente de la kiné, une femme sort d'une des pièces. En passant devant moi et un monsieur qui patiente également, elle nous dit :

— Au revoir, Messieurs.

J'avais pourtant mes boucles d'oreilles et portais un haut de femme. Franchement, je vous avoue que même si ça m'a bien fait sourire, je me suis également sentie bête.

En ouvrant la porte pour sortir du cabinet, la dame me regarde de nouveau et me dit gênée :

— Pardon, Madame. Au revoir.

— Au revoir, lui répondis-je, le sourire aux lèvres.

Lorsque j'ai raconté cela à mes enfants le soir venu, ils ont bien rigolé.

Vous imaginez bien leur réaction...

En tout cas, ça me fait un bien fou de sortir sans me cacher. Je me sens moi-même ! Mes proches s'y habituent finalement très vite et acceptent même que je sorte comme ça, sans être gênés.

Ma fille de 9 ans a décidé de faire don de ses cheveux. Alors pour cela, rien de plus simple : Laisser pousser ses cheveux le plus longtemps possible.

Ça lui tient vraiment à cœur pour aider les personnes qui traversent la même chose que sa maman, alors je l'encourage dans son désir. Je pense même que je ferai la même chose lorsque j'aurais retrouvé mes cheveux longs, afin d'aider à mon tour !

Vous avez les cheveux longs et désirez opter maintenant pour une coupe plus courte ? Alors pourquoi ne pas faire un don vous aussi ?

Chapitre 25
1er contrôle après la récidive

Nous sommes le 10 juin 2021 et c'est le jour de mon contrôle. J'y vais avec appréhension, comme c'est le cas à chaque fois.

Forcément, il y a toujours cette même peur qui m'accompagne et ces mêmes émotions qui m'envahissent, mais j'essaie de rester la plus sereine possible. Pas facile à faire !

Je me retrouve dans cette salle d'attente que je connais si bien, où j'ai cumulé de bonnes et de mauvaises nouvelles : un cancer plus étendu que prévu, puis la guérison avec des examens normaux et enfin, la confirmation de la récidive.

Alors, assise sur mon siège, je sais très bien que tout est possible !

En face de moi se trouve une jeune femme, la trentaine, assise à côté de sa mère. Elles ne se parlent pas et leurs attitudes laissent transparaître beaucoup d'appréhension et de nervosité.

Durant quelques minutes, je me perds à imaginer ce que peut vivre cette femme. Elle vient peut-être d'apprendre son cancer ? Une possible récidive ? Elle tient fermement un dossier dans ses mains et gigotent ses jambes dans un rythme effréné.

Nous échangeons plusieurs regards jusqu'à ce que la radiologue prononce mon nom. Au moment de me lever, je sens mes jambes toutes flagada. J'avance en silence vers la salle de mammographie où une manipulatrice me fait ensuite passer l'examen. Ce n'est pas du tout agréable. L'appareil comprime mon sein restant et appuie fortement sur mon PAC. Vous savez, c'est le petit boîtier, implanté sous la peau, qui sert à injecter les produits de chimiothérapie.

Heureusement, ça se termine rapidement et les résultats sont bons.

S'ensuit maintenant l'échographie. C'est cet examen qui me fait le plus peur. Peur du résultat et de ce que l'on pourrait y découvrir.

Je sais que mes seins sont denses et que la mammographie n'est jamais très concluante chez moi, donc ça m'inquiète moins. Là, ça me paraît plus pertinent. C'est donc plus angoissant...

Allez, c'est parti ! La radiologue commence l'examen. Je respire calmement en attendant patiemment qu'elle le termine. Elle déplace la sonde, regarde son écran, fait des captures d'écran, tout cela en silence ! Elle examine la poitrine existante et manquante, les aisselles et le flanc du côté de la récidive.

Je trouve cela très long bien sûr ! C'est toujours comme cela, lorsque l'on attend.

Pour, au final, entendre :

— Voilà ^{Mme} Lebihain, c'est fini. Je n'ai rien vu à l'échographie. On se reverra dans un an pour un nouveau contrôle. En attendant, continuez de bien vous surveiller.

— Merci beaucoup, lui dis-je bien rassurée.

Sans trop réfléchir, je prends mon courage à deux mains et lui pose une question :

— Un mois avant la découverte de la récidive, mes examens étaient bons aussi. Je ne les avais pas passés ici et du coup, je me demandais si vous faites le flanc à chaque fois ? Car je ne suis pas sûre qu'on me l'ait fait. Je ne m'en souviens pas.

— Non, là, j'ai tout vérifié, car c'est le premier contrôle après la récidive, mais par la suite, l'examen consistera à vérifier la poitrine. C'est plutôt au quotidien qu'il faut vous surveiller.

— D'accord, je vous remercie pour votre réponse. Je me posais la question et ça me confirme qu'il n'y a pas eu de manquement lors du contrôle. Bonne journée.

C'est vrai que c'est une interrogation qui me restait un petit peu en tête, pour mon mari aussi d'ailleurs. On se demandait si le radiologue aurait pu ou aurait dû voir cette grosseur sur mon flanc, mais pas de regret du coup ! C'est ainsi !

Comme le dit si bien l'expression « Avec des si, on mettrait Paris en bouteille ! », il est donc inutile de faire de spéculations ou d'avoir des regrets.

Chapitre 26
Un an après l'opération

Il y a 2 jours, j'ai reçu un message automatique, me rappelant mon rendez-vous avec le chirurgien. Je n'y pensais plus du tout ! J'ai d'ailleurs contacté le centre, en pensant que c'était une erreur.

Non, en fait, le rendez-vous a été pris il y a un an, en octobre. Il s'est passé tellement de choses depuis, que je n'y étais plus du tout. Cela dit, je suis contente de revoir le chirurgien, j'ai quelques questions à lui poser.

Je m'organise donc à la dernière minute et prévois le transport.

En patientant dans la salle d'attente, j'imagine déjà en savoir plus sur ma future reconstruction et je me vois repartir d'ici, légère et souriante.

Il m'appelle, je me lève et entre avec dynamisme dans son bureau. Détendue, je lui dis :

— Un peu plus je ne venais pas ! J'avais complétement oublié le rendez-vous.

— Vous êtes là deuxième aujourd'hui à me dire ça. Il ne faut pas oublier, moi je m'ennuie sinon...

J'adore son humour, son professionnalisme et sa bienveillance. Je vous arrête tout de suite, ce n'est pas un jeune et beau médecin. *(Rire)*

Nous poursuivons la conversation. Il m'examine et regarde la cicatrice. Il la trouve belle et souple, malgré qu'elle se soit élargie, du fait des trous qui se sont formés.

Nous retournons nous asseoir au bureau. Il me dit d'une voix douce et compatissante :

— Bon, Mme Lebihain, pour la reconstruction mammaire, vu que vous avez fait une récidive, nous vous conseillons d'attendre 2 à 3 ans après la fin des traitements. Je sais que ce n'était pas ce qui était prévu à la base, mais après une rechute, nous restons prudents.

— 2 à 3 ans à partir de maintenant du coup ?

— Oui, c'est ça. Nous pouvons déjà programmer un rendez-vous dans un an pour en reparler un peu, mais il va falloir être patiente.

— D'accord. Vous m'aviez dit que la reconstruction par lipomodelage n'est plus envisageable, c'est bien cela ?

— Oui, tout à fait. Les solutions qui restent maintenant possibles sont la mise en place d'une prothèse mammaire ou la reconstruction par DIEP.

— Je pense que l'on partira sur la prothèse, même si à la base, j'étais contre. Le DIEP me paraît plus contraignant.

— Oui, je comprends. On en reparle dans un an. Nous aurons encore le temps de voir d'ici là.

— Très bien, merci beaucoup.

Moi qui m'imaginais repartir l'esprit léger, finalement, c'est le cœur lourd que je remonte dans le véhicule. Deux à trois ans, ça paraît tellement long ! Je suis habituée à mon corps, à ce sein manquant et à ces cicatrices de guerre, mais tout ça apporte beaucoup de contraintes.

Il y a les contraintes vestimentaires par exemple, en évitant de porter certains vêtements. Comme les décolletés, les hauts trop moulants ou les hauts trop lâches aussi. Je ne porte que des brassières rembourrées, mais sans la prothèse externe. Je ne la supporte pas, ça bouge, ça se déplace et ça ne ressemble pas à mon autre sein. Je préfère donc ne rien porter, mais ça implique de faire attention à ce que je porte et de jouer sans cesse avec les brassières qui remontent toujours d'un côté.

Bien sûr, il y a aussi la contrainte dans la sexualité. Depuis l'ablation en 2018, les rapports avec mon mari se font naturellement dans le noir par exemple. Aucun d'entre nous ne le demande ou le fait comprendre à l'autre, mais nous nous sentons mieux ainsi. Pour finir, il y a aussi ses mains qui ne caressent que la partie droite de mon torse nu. Il est difficile pour lui de toucher le côté traumatisé et je le comprends parfaitement, puisque pour moi-même les sensations sont différentes, voire même désagréables.

Je sais que ce n'est que partie remise, mais c'est vrai que ce délai paraît énorme. Sachant que l'ablation a eu lieu en 2018 et que je ne pourrais prétendre à la reconstruction qu'en 2024, j'aurai vécu avec mon sein en moins pendant 6 ans.

Il faudra donc que je me réhabitue à ce nouveau corps, à cette prothèse et à ce sein qui ne sera pas le mien, si longtemps après l'avoir perdu.

En rentrant à la maison, j'explique la situation à mon mari qui évidemment, a le même ressenti que moi. Le temps lui paraît long, mais il saura attendre. Son amour est plus fort que tout cela !

Chapitre 27
Libération !

J'attends cette journée depuis si longtemps et voilà qu'elle arrive enfin. Je me lève, me prépare et prends la route avec l'ambulancière.

Sur la route, elle me demande :

— Vous allez bien depuis la dernière fois ?

— Oui, très bien merci, je vais au centre pour ma dernière injection de thérapie ciblée.

— Ah ! C'est super ça !

C'est enfin l'heure de la libération après un an d'injection d'Herceptin, toutes les 3 semaines et franchement, je suis super contente.

Lors d'un cancer, tout à coup, toute notre vie tourne autour des soins et des rendez-vous. On vit dans cet univers.

Depuis le cancer de 2018, je fais toujours des séances de kinésithérapie, une à deux fois par semaine. Pour les cicatrices, pour les douleurs à l'épaule et au bras côté opéré, pour le lymphœdème qui vient et repart régulièrement.

J'ai aussi vu une ostéopathe à deux reprises dernièrement, pour les douleurs et gênes persistantes. Ça m'a fait un bien fou, malgré ma réticence et mes a priori de départ. Je conseille vraiment.

Depuis août 2019, je vois aussi l'oncologue et le cardiologue tous les trois mois.

Donc là, l'arrêt de l'Herceptin me convient parfaitement. Les rendez-vous vont maintenant s'espacer à tous les six mois, puis ensuite, ils passeront à une fois par an comme la mammographie de contrôle. La vie va reprendre un rythme « normal », sans blouse blanche, ni piqûre et effet secondaire !

Je vais aussi bientôt pouvoir réfléchir à une reprise de travail, à mi-temps thérapeutique pour commencer. Je suis pressée de pouvoir reprendre une activité professionnelle ! Pour tout vous dire, je ne travaille plus depuis janvier 2018, alors maison, enfants, dodo, j'en ai assez !

Reprendre une activité professionnelle va changer pas mal de choses pour moi et ma famille. Ça va nous demander beaucoup d'adaptation et d'organisation, mais ça apportera aussi énormément de positif.

Une bonne fatigue qui évitera les insomnies fréquentes. Une activité non sédentaire qui me permettra, je l'espère, de stopper la prise de poids dû au traitement d'hormonothérapie. J'ai tout de même pris 6 kg, en ne changeant rien à mes habitudes, tout ça à cause de la ménopause forcée. Ça pourra aussi diminuer les douleurs musculaires et articulaires souvent liées à l'inactivité.

C'est donc avec un grand sourire que j'arrive au centre, pour ma dernière injection ! Je suis installée dans une chambre à 3 lits, ce qui permet de partager et d'échanger avec deux autres patientes.

L'infirmière qui s'occupe de moi aujourd'hui a lu mon livre « Au cœur de mon combat » et l'a trouvé très intéressant. Elle me dit :

— Bravo à vous ! Je suis certaine qu'il aide plein de personnes. Pour nous, infirmières et personnel soignant, c'est important de prendre la place du patient, pour encore mieux le comprendre et l'accompagner. Votre livre est super, bravo !

— Merci beaucoup, c'est gentil. C'était vraiment le but : aider, accompagner et sensibiliser.

Une des patientes présentes dit alors surprise :

— Vous avez écrit un livre ? Vous pouvez me donner le titre ? J'aimerai beaucoup le lire.

L'infirmière lance alors avec humour :

— Attention Mesdames, vous êtes dans une chambre VIP aujourd'hui !

L'heure passe super vite, tout s'enchaîne bien. J'échange avec deux dames très gentilles. L'infirmière est une petite jeune pleine d'humour et de dynamisme. Tout est parfait pour cette dernière injection.

En partant, je remercie sincèrement les infirmières et personnel soignant qui m'ont accompagnée tout au long de mon protocole. Je leur offre une boîte de gâteaux pour accompagner leur café.

Je rentre chez moi avec un poids en moi ! Je sais que je ne retournerai plus à l'hôpital de jour, que je n'aurai plus à m'organiser pour mes enfants lors de ces journées, que la fatigue accumulée va laisser place à plus d'énergie.

Je vais pouvoir laisser tout ça derrière moi pour la seconde fois ! Je respire le bonheur et la sérénité !

Il restera tout de même une dernière étape : faire retirer le boîtier implanté sous ma peau, qui ne me sera plus utile ! Cependant, avec la Covid-19 et le plan blanc de nouveau déclenché, il va me falloir attendre quelques mois…

Conclusion

Le cancer et la maladie ont fait office d'électrochoc chez moi. Ils m'ont permis d'ouvrir les yeux.

J'ai compris qu'il faut prendre la vie comme elle vient, avec ses bonheurs et ses misères.

C'est vrai qu'elle peut se montrer très dure parfois, injuste même, mais elle mérite cependant d'être vécue.

Il faut apprendre à avancer avec nos lots de bagages, mais pas comme un fardeau, non, plutôt comme un coup de pouce qui nous montre le chemin. Le chemin vers le bonheur, vers plus de légèreté.

J'ai l'impression de découvrir tout ce qui m'entoure, ainsi que la vie en général, d'un autre œil, avec plus de couleurs, plus de netteté, plus de détails, etc.

J'ai envie de faire des choses qui ne m'effleuraient même pas l'esprit avant, qui m'effrayaient même, comme faire du parapente, de la plongée sous-marine, aller à un concert, etc. J'ai d'ailleurs acheté ma place pour aller voir Slimane !

Je veux découvrir tous les mystères et les plaisirs de la vie ! Faites-en autant, mais sans attendre d'être malade !

TABLE DES MATIERES

174